新・MINERVA
福祉ライブラリー
22

ジェネラリスト・ソーシャルワークにもとづく 社会福祉のスーパービジョン

その理論と実践

山辺朗子 著

ミネルヴァ書房

は　し　が　き

　現在社会福祉の現場では，どのような現場でも支援の質の向上や職員の教育が喫緊の課題となっている。また，職場の人間関係の風通しの悪さや業務における指揮命令の混乱などで支援が滞り，利用者への支援に影響をもたらしているケースなどがよく見受けられる。スーパービジョンは，このような問題を解決する方策として大いに期待されるものである。

　ソーシャルワークのスーパービジョンは1世紀に余る歴史がある。欧米ではソーシャルワークの現場ではスーパービジョンが当たり前という風潮があるが，わが国ではスーパービジョンという言葉は定着してきたものの，まだまだ福祉現場で日常的に実践されている事は少なく，さらにその意味において大きな混乱があるという現状がある。

　また，わが国でもソーシャルワークのスーパービジョンといっても，紹介されている文献では未だケースワークにおけるスーパービジョンのモデルが主流であり，社会福祉施設や事業所で活用できにくいという状況がある。

　本書は，まずわが国の社会福祉の現場のあり方を見据えて，ソーシャルワーク，特にジェネラリスト・ソーシャルワークのスーパービジョンの知見を活かし，社会福祉の現場にどう定着させるかを具体的に示すことを第一に考えて構成されている。実際，福祉現場ではスーパービジョンが大切なことはわかるが，どうスーパービジョンを導入し，展開するかについてわからないという声をよく聴く。このような福祉現場のニーズに応えるよう構成を試みた。

　そこで，本書を2部構成とし，第1部を理論編，第2部を実践編とした。第1部では特に，スーパービジョンはソーシャルワークの一方法であるとい

う事，スーパービジョンの過程はソーシャルワークの過程とパラレル（並行）であるという観点から，まず，第1章でソーシャルワーク，特に統合化以降のソーシャルワークの一つの到達点と考えられるジェネラリスト・ソーシャルワークを基盤とした社会福祉援助・支援の枠組み，およびプロセスとスーパービジョンの関係等を概説した。続いて第2章では社会福祉のスーパービジョンとは何かについて，その機能，過程，記録，方法等について述べた。第3章では現代のスーパービジョンのあり方の基本的考え方を，特に相互作用アプローチを基本に示した。第4章ではスーパービジョンの一つのゴールであるソーシャルワーカーが獲得するべき資質，能力，コンピテンシー（支援における能力）について述べた。

　第2部では，第5章で社会福祉現場にスーパービジョンを導入する方法について実践的に導入過程を追って述べてみた。第6章ではスーパービジョン導入の要であるソーシャルワーカーがスーパーバイザーになる過程を事例とともに考察した。さらに第7章ではスーパービジョンの展開を一つの事例に沿って実践的に考察した。第8章では，スーパービジョンをめぐるいくつかの事象（チームアプローチにおけるスーパービジョン，コンサルテーションとカンファレンス実習スーパービジョン等）について説明を試みた。

　以上スーパービジョンを多角的かつ実践的に考えていただけるよう構成し，初学者にもわかりやすいものとなったと自負しているが，当初の目的を達成しているかどうかは疑問である。筆者の思いをご理解いただき，読者の皆様の忌憚のないご意見をいただきたいと思う。

2015年1月

山辺朗子

目　次

はしがき

第 1 部　スーパービジョンの理論

第 1 章　社会福祉援助・支援とスーパービジョン … 2
1　ソーシャルワークを基盤とした社会福祉援助・支援の展開 … 2
2　生活支援型援助と問題解決型援助 … 3
3　「意識的な援助・支援」の必要性 … 5
4　ソーシャルワーク実践の 3 つの要素 … 6
5　社会福祉援助・支援の枠組み … 7
　　（1）社会福祉援助・支援の枠組みとしてのジェネラリスト・ソーシャルワーク　7
　　（2）ジェネラリスト・ソーシャルワークに基づく総合的包括的支援　10
6　社会福祉援助・支援のプロセス … 11
　　（1）開　始　12
　　（2）アセスメント　13
　　（3）援助計画（プランニング）の立案　14
　　（4）計画の実施（活動）　15
　　（5）評価と終結　15
7　具体的な支援のプロセスの例 … 16
　　（1）具体的な支援過程の例　17
　　（2）アセスメント　20
　　（3）ゴール（タスク）　22
　　（4）プランニング　22

8　パラレル（並行）なプロセスとしてのスーパービジョン ……… 23

第2章　社会福祉のスーパービジョンとは ……………………………… 25
　1　スーパービジョンの機能 …………………………………………… 25
　　　（1）教育的機能　26
　　　（2）管理的機能　26
　　　（3）支持的機能　27
　2　スーパービジョンの過程 …………………………………………… 28
　3　スーパービジョンにおける記録 …………………………………… 30
　4　スーパービジョンの方法 …………………………………………… 31
　　　（1）一人のスーパーバイザーによる個別スーパービジョン　32
　　　（2）グループ・スーパービジョン　33
　　　（3）ピア・スーパービジョン　34

第3章　スーパービジョンの基本的考え方 ……………………………… 35
　　　──相互作用アプローチを中心に
　1　スーパービジョンの相互作用アプローチ ………………………… 35
　2　スタッフシステムとの相互作用とスーパービジョン …………… 37
　3　スーパービジョンの機能と原理 …………………………………… 39
　4　スーパービジョンの環境とスーパーバイザーの位置づけ ……… 47

第4章　ソーシャルワーカーのコンピテンシー ………………………… 50
　1　社会福祉従事者のコンピテンシー ………………………………… 50
　　　（1）望ましい社会福祉従事者とは　50
　　　（2）社会福祉従事者のコンピテンシーの領域　53
　2　ソーシャルワーカーの専門的コンピテンシー …………………… 57
　　　（1）ソーシャルワークの知識・価値・技術　57
　　　（2）ソーシャルワーカーとしての使命と価値　58
　　　（3）ソーシャルワーカーとしての知識と技術　61

第2部　スーパービジョンの実践に向けて

第5章　職場にスーパービジョンを導入する……66
1　スーパービジョンの認知……66
2　職場の組織のアセスメント……68
3　組織的な取り組みとしてのスーパービジョンの必要性……70
4　スーパービジョンによる援助・支援の量と質の確保……73
5　スーパービジョンによる援助・支援者の働く環境の確保……74
6　情報の共有および情報保護システムとスーパービジョン……77
7　スーパービジョン導入プランの作成……78
8　スーパービジョン導入の実施と評価……79
9　事例でみるスーパービジョンの導入……81

第6章　スーパーバイザーになる……84
1　スーパーバイザーの基本的資質……84
2　職場のアセスメント……86
3　スーパーバイザーになる……88
4　スーパービジョン導入事例……89
　（1）事例の概要　90
　（2）スーパービジョンをデザインする　91
　（3）個人スーパービジョンを始める　92
　（4）グループスーパービジョンを始める　93

第7章　スーパービジョンを展開する……105
1　ある高齢者の在宅サービス事業所の事例……105
2　職員のアセスメントとプランニング……105
　（1）アセスメント　106
　（2）プランニング　106

v

3　スーパービジョンの展開過程 ……………………………………… 108
　　　（1）スーパービジョンの開始──第1回スーパービジョン　108
　　　（2）最初の接触──第1回目面接　112
　　　（3）スーパービジョンの効果の確認　112
　　　　　　──第2回スーパービジョン
　　　（4）クライエントの意見を傾聴──第2回目面接　113
　　　（5）良かったことのフィードバック　114
　　　　　　──第3回スーパービジョン
　　　（6）クライエントの気持ちとすれちがう──第3回目面接　115
　　　（7）クライエントの気持ちに気づく　116
　　　　　　──第4回スーパービジョン
　　　（8）クライエントとの共感を実感する──第4回目面接　117
　　　（9）自分の気持ちに気づく──第5回スーパービジョン　118
　　　（10）変化の訪れ──第5回目面接　119
　　　（11）信頼関係の重要さに気づく──第6回スーパービジョン　120
　　　（12）現実的変化にふみだす──第6回目面接　120
　　　（13）クライエントに起こっていることの確認　121
　　　　　　──第7回スーパービジョン
　　　（14）現実的変化の進展(1)──第7回目面接　122
　　　（15）ケースのゴールの確認──第8回スーパービジョン　123
　　　（16）現実的変化の進展(2)──第8回目面接　123
　　　（17）何をするべきかの明確化──第9回スーパービジョン　124
　　　（18）現実的変化の進展(3)──第9回目面接　125
　　　（19）クライエントの努力を認める　126
　　　　　　──第10回スーパービジョン
　　　（20）残っている問題の整理──第10回目面接　127
　　　（21）評　価──第11回スーパービジョン　127
　　　（22）支援を終結する──第11回目面接　128
　　　（23）終結に向けて──第12回スーパービジョン　129

第8章　スーパービジョンをめぐって ……………………………… 131
1　チームアプローチにおけるスーパービジョン ……………………… 131
2　コンサルテーションの活用 ……………………………………………… 133
3　カンファレンスの活用とスーパービジョン ………………………… 134

 4 スーパービジョンと人格的な問題のあるクライエントへの支援 … 137
 5 スーパービジョンとバーンアウトへの対応 ……………………… 139
 6 実習スーパービジョン ……………………………………………… 141

あとがき
参考・引用文献
巻末資料
索　引

第1部　スーパービジョンの理論

　第1部ではスーパービジョンの基礎理論と，その前提となるソーシャルワークについて解説する。そもそも，社会福祉におけるスーパービジョンはソーシャルワークの発展とともに展開してきた。古くは慈善組織協会の友愛訪問からその重要性が認識されている。ケースワークの時代でも欧米ではスーパービジョンは盛んに行われてきた。しかし，わが国の社会福祉実践ではスーパービジョンが根付かず，近年になってその必要性が認識されてきたばかりである。そこで，第1部では，現代のソーシャルワークにおけるスーパービジョンの位置づけやその基本的考えについて述べる。さらに，社会福祉従事者，ソーシャルワーカーがもつべきコンピテンシー（支援における能力）についても考える。このコンピテンシーはスーパービジョンによって促進され，醸成されるものであり，スーパービジョンの目的と関わるものである。

第 1 章　社会福祉援助・支援とスーパービジョン

　「スーパービジョン」という言葉が社会福祉の現場で聞かれるようになって久しいが,「スーパービジョン」とは何かという問いに明確に答えられる人はそんなに多くはないであろう。例えば,支援困難ケースについての専門家の助言であるというイメージをもつ人もいれば,ケースカンファレンスの折に施設長や主任,先輩などがしてくれるアドバイスであると考えている人もいる。しかし,スーパービジョンはソーシャルワークの一方法であり,いわば,間接的に利用者を支援するものである。その方法は,展開されるソーシャルワークの展開のあり方によって規定される。旧来のスーパービジョンは,「医学モデル」におけるケースワークを基本形に展開されている。しかしこのような「医学モデル」におけるケースワークでは現代における複雑化多様化した社会福祉問題には対応が難しい。現代の社会福祉問題に対応できるソーシャルワーク,しかもわが国の社会福祉施設や社会福祉機関で展開できるソーシャルワークを基盤としたスーパービジョンが必要となる。本章では,まず現代の我が国の社会福祉施設や社会福祉機関で展開できるソーシャルワークを基盤とした社会福祉援助・支援について述べていきたい。

1　ソーシャルワークを基盤とした社会福祉援助・支援の展開

　社会福祉援助・支援のスーパービジョンを考える前提として,社会福祉援助・支援のあり方を正しく理解することが必要とされるだろう。ここでは,社会福祉援助・支援についての全体的な理解をはかる。本書は社会福祉援

助・支援をソーシャルワークの視点でとらえることを基本にすえている。

　ソーシャルワークとは社会福祉における援助・支援方法の体系と考えられる。それにはさまざまな考え方や定義が存在するが，例えば，全米ソーシャルワーカー協会（NASW）の定義によると「個人，グループ，地域社会が社会的に機能し，この目標に向かっての社会的条件を作り出す能力を強化したり回復したりすることを援助する専門職的な活動である」(Standards for Social Service Manpower, NASW, 1973, p.4)とされている。また，ソーシャルワーカーとは「…クライエント（個人，家族，小集団，コミュニティ，組織，社会一般）のために社会サービスを提供するためその（専門職の）知識と技術を用いる人。ソーシャルワーカーは人々が問題解決や問題対処の能力を増大させることを助け，必要な資源を手に入れ，個々人の間の相互作用や人と環境との相互作用を促進し，人々に対する組織の責任を創り，社会政策に影響を与える」(NASW Social Work Dictionary p.155)となっている。

　このようなソーシャルワークが今日の社会福祉援助・支援のあり方において意味をもつのは，ソーシャルワーク自体が「問題解決」や「課題達成」を主眼とする活動であるからだろう。社会福祉における援助・支援者は，援助・支援がこのような「問題解決」「課題達成」を目指す活動であるという認識をもつ必要がある。

2　生活支援型援助と問題解決型援助

　社会福祉施設や機関において，社会福祉問題が深刻化・複雑化する中で，そこでの問題解決をはかるソーシャルワークの援助・支援の方法が，従来にもまして必要となってきた。例えば，現代における子ども虐待の状況は大変深刻である。子ども虐待には予防，スクリーニング，虐待が起こっている場合の介入，虐待を受けた子どものケア，虐待をした親への援助，家族の再統合への援助，などさまざまなアプローチが必要となる。

第1部　スーパービジョンの理論

　このようなさまざまな援助・支援が必要となる中で，できる限り利用者にとって有益で，効率的な援助支援を提供することが，社会福祉専門職の責務であるが，このような責務を果たすことができるのは，「一貫性をもった」援助・支援があればこそであろう。このような援助・支援を実現するためにも，一貫したソーシャルワークの考え方の重要性は増している。
　さて，社会福祉援助・支援が提供される場は社会福祉施設と社会福祉機関である。社会福祉機関では，従来から相談援助を中心とするいわゆる「ソーシャルワーク」が行われてきた。また，社会福祉施設は大きく分けて生活型施設と利用型施設に分けられるが，もちろんどちらのタイプの施設の援助においても利用者の「生活を支える」という視点をもって援助・支援がなされている。生活型施設においては利用者（入所者）の生活全般にわたる援助・支援が行われ，利用者の生活の「生活を支える」という視点は特に重要だと考えられる。
　社会福祉施設における援助・支援を分類してみると，「生活を支える」事を主眼とする「生活支援型援助・支援」と利用者が生活上の問題を抱えている場合の「問題解決型援助」の2つのタイプの援助・支援があると考えられる。それぞれの目的とするところは，生活支援型援助は利用者の「生活の質」（Quality of life；QOL）の向上であり，問題解決型援助は利用者の生活上の問題の解決であることはいうまでもない。
　通常，社会福祉施設においてはこの2つのタイプの援助・支援が同時に行われている。従来，生活型施設においては利用者の日常のケアが援助の中心と考えられ，それぞれの利用者が個別にもつ生活上の問題も日常のケアの一環としてその解決への援助が行われていた。
　しかしながら利用者が抱える複雑化多様化する社会福祉問題・生活問題に対応するためには問題解決を明確に目的とした援助が必要である。例えば，児童養護施設においては一般的な子育てや日常生活上のケアなどと同時に，虐待などを受けてきた子どもに対する専門的な支援や不登校や非行傾向のあ

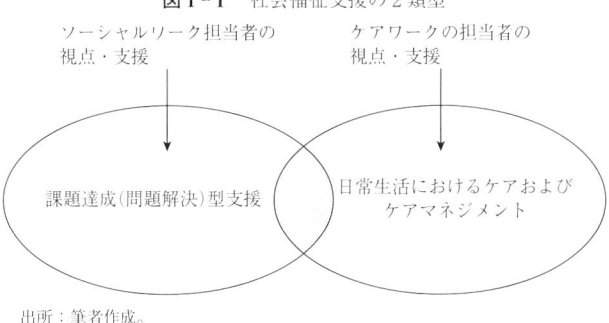

図 1-1　社会福祉支援の2類型

ソーシャルワーク担当者の視点・支援　　ケアワークの担当者の視点・支援

課題達成(問題解決)型支援　　日常生活におけるケアおよびケアマネジメント

出所：筆者作成。

る子どもに対する問題解決型援助が必要である。問題解決型援助は問題に関するアセスメントを行い，問題解決に向けて計画を立て，その計画に基づき援助を行い，それについての評価をして終結するという明確な過程をもって行われる必要がある。より一般的にいえば，人々の生活には問題や課題が必ず存在する。その生活上の問題や課題を解決・達成することは生活支援と切り離しては考えにくい。

しかしながら，従来，生活型施設においてはこのような援助が意識して行われることがあまり一般的でなかった。しかし現在においてはこのような問題解決型援助が生活支援型援助と同様不可欠であることは明確である（図1-1参照）。

3　「意識的な援助・支援」の必要性

社会福祉援助・支援においてはクライエントの生活を支え，また生活全般にわたって援助を行う。それゆえ援助者が「慣れ」に陥りやすい。また，クライエントを「丸抱え」にしたり，さまざまな意味での「自立」の機会を奪う危険性などもある。それゆえ社会福祉施設の援助・支援においては，クライエントの状況や問題，課題などを俯瞰的に正確にアセスメントし，それに

基づいて明確な目標や計画をたて，意識的な援助を行う必要がある。

　わが国の社会福祉施設での援助・支援において，従来最も問題であったことの一つは「無意識の援助・支援」があまりにも多かったことにあるだろう。無意識の援助・支援とは援助・支援に「思考」が介在しないものである。援助・支援の目的が明確でなく，「なんとなく，こうすれば役立つであろう」「ずっとこうしてきたから」「こうすることが当たり前だから」という理由で行ってきたものである。そこには論理的な説明が介在しない。そのような援助・支援の弊害は予想以上に大きい。援助・支援の目的や目標，方向性が曖昧なまま，効率性を省みない状況で援助・支援を提供していくことは，利用者にとって不利であるばかりでなく，援助・支援者にとって「五里霧中で援助・支援を提供」することにも繋がる。援助・支援者の「慣れ」や「丸抱え」も導いてしまうことになる。かつて「施設の常識」が社会において理解されがたいものとなっている状況が指摘されてきたが，このような状況は援助・支援者の「思考」の介在を重視してこなかった援助・支援のあり方に由来する場合も多い。現在の援助・支援においては，「意識的に」「計画的に」行うことが求められる。

4　ソーシャルワーク実践の３つの要素

　スーパービジョンによって獲得を目指す，ソーシャルワークの専門職性の中心となるものはソーシャルワークにおける価値，知識，技術である。これらはすべてソーシャルワーク実践において用いられるものである。専門職としてのソーシャルワーカーはこれらを内面化し，それを駆使しソーシャルワーク実践を行う。

　ソーシャルワークにおける知識（knowledge）は，利用者やその環境について理解したり，分析し，それに対応する方法を見つけ出すための知識である。これらの知識は社会学や心理学，経済学や法学など他の学問領域からも

借用されることも多い。それは人や社会的状況のあり方を説明したり，ニーズに対応するための方法を導き出すために用いられる。知識はソーシャルワークのあらゆる局面において第一義的に重要な要素である。また，一般的に言われている「知識」とは別に，実践経験の中で身に付ける「臨床の知」といった専門職としての経験や資質と大きく関連するものも含まれる。

　ソーシャルワークにおける価値（value）には私たちの社会や文化において一般的な文化的価値や社会的価値とともに，社会福祉の専門職が独自にもつ価値がある。ソーシャルワークの価値には人々についての望ましい概念，人々にとっての望ましい成果，人々を援助するための望ましい方法などに関するものがある。これらの専門職としての実践での価値を集約したものとして「ソーシャルワーカーの倫理綱領」などがつくられている。

　また，ソーシャルワークにおける技術（skill）は専門職として不可欠なものである。それは知識と価値を結びつけて，実践という行為へと導くものである。技術は実践の経験を通して時間をかけて獲得されるものである。社会福祉従事者，ソーシャルワーカーは実践で活用できるための多様な技術をもっていなければならない。

　このようにソーシャルワークはソーシャルワーカーのもつ知識，価値，技術によってもたらされ，提供される一貫性をもった，しかし多様で多角的な援助実践であるといえよう。

5　社会福祉援助・支援の枠組み

（1）社会福祉援助・支援の枠組みとしてのジェネラリスト・ソーシャルワーク

　スーパービジョンを行っていくためには，そこで行われている援助・支援がどのような文脈の中で，どのような意味をもって行われているかについて十分に理解しなくてはならない。このような理解の基本となるのは社会福祉援助・支援の枠組みであろう。ここでは，その枠組みを，ソーシャルワーク

図1-2　ソーシャルワークプロセス

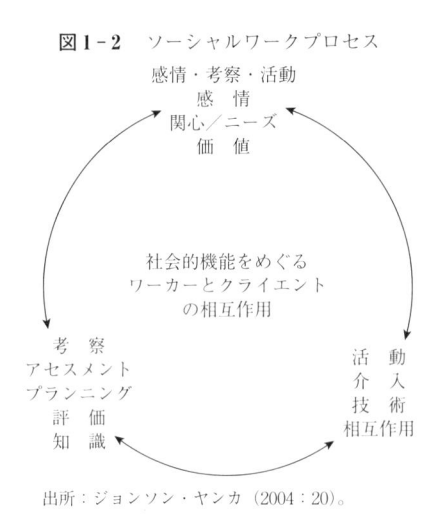

```
        感情・考察・活動
          感　情
         関心／ニーズ
          価　値

        社会的機能をめぐる
        ワーカーとクライエント
          の相互作用

  考　察              活　動
アセスメント            介　入
プランニング            技　術
  評　価              相互作用
  知　識
```

出所：ジョンソン・ヤンカ（2004：20）。

の新たなアプローチとして注目されているジェネラリスト・ソーシャルワークに求めたい。本章では，ジェネラリスト・アプローチの代表的論者の一人であるジョンソン（L.C. Johnson）の理論を基に，わが国の社会福祉施設における問題解決型援助について若干の考察を行う。

　ジョンソンの理論はいくつかの特徴をもつが，ここで特に重要と思われる特徴を挙げてみたい。その第1は「ソーシャルワーク実践を関心とニーズに対応するものとして捉える視点」である。ジョンソンはソーシャルワークの概念展開の端緒をこのニーズと関心においている。ニーズとはクライエントのニーズとともに状況における重要な個人やシステム（環境等）のニーズである。このニーズが充足されていないことを確認したときに「関心」が生じる。この関心がソーシャルワークを生起させる基となるものであるというのが彼女の理論展開の始まりとなっている。つまりこの関心への反応，対応がソーシャルワークであるとするものである。

　次に彼女の視点で重要となるのが「社会的機能」の概念である。人がニーズに対応しようとする時や，環境がニーズに対応するよう人に要求を向けた

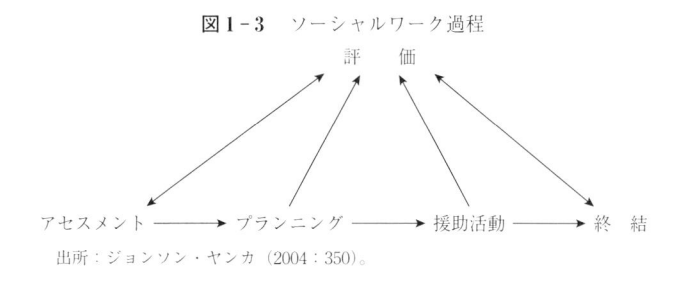

図1-3　ソーシャルワーク過程

　　　　　　　評　　価

アセスメント ──→ プランニング ──→ 援助活動 ──→ 終　結

出所：ジョンソン・ヤンカ（2004：350）。

とき，「社会的機能」が存在するが，この社会的機能がソーシャルワーク実践に重要な焦点となるものである。つまり，社会的機能に何らかの問題が生じたときにワーカーとクライエント（利用者）間の相互作用が生じる理由となる。このようなニーズ，関心への応答，社会的機能の問題への対応がジェネラリスト・ソーシャルワークの本質的意味をなすと，彼女は述べている。この応答，対応のプロセス（相互作用的なものであるが）を彼女は図1-2にあるようなサイクルとしてあらわしている。ここでいう感情は，ニーズが充足されていないことから生ずる関心の感情である。この感情の存在からソーシャルワークは始まり，思考（ソーシャルワーク独特の方法での思考＝アセスメント），活動（ソーシャルワークの活動）とともに相互作用的なサイクルを作る。これをソーシャルワーク実践におけるプロセスとしてジョンソンはあらわしている（図1-3）。

　この循環に現れた，感情，思考，活動はそれぞれ価値，知識，スキルと関連し，その循環は絶えずそれらの価値，知識，スキルを動員しながら一貫して行われている。また，ジョンソンはソーシャルワークを「問題解決過程」として捉え，「アセスメント」「関係」「状況の中の人」「プロセス」「介入」という5つの概念を用いて，クライエント（利用者）とともに取り組む関心とニーズに応える手段としている。

　ジョンソンの理論体系は膨大であるのでここでその全容を要約することは避けるが，この感情，思考，活動のサイクルと問題解決過程としてのソーシ

ャルワーク，さらにジョンソンが示すソーシャルワークのプロセスは，わが国の社会福祉施設における問題解決型援助を考察する上で重要な示唆を与えてくれると考えられる。つまり，このサイクルのあり方は社会福祉施設での利用者の生活上に現れてくるニーズ（解決されるべき問題）に関心をもち，アセスメントし，解決に向けて活動することの繰り返しをあらわしている。従来のソーシャルワークは直線的な思考によって説明されることが多く，生活や生活支援の場でもある社会福祉施設における援助にはなじまない印象があった。しかし，図1-2に示されるサイクルは，生活上の雑多な状況の中で現れるクライエント（利用者）のニーズに関心をもち，アセスメントし，解決に向けた活動を行い，活動が行われた後の状況におけるニーズに関心をもち，アセスメントし，と継続する社会福祉施設の援助・支援におけるソーシャルワーク援助の道筋を明確に示すものとして，その考え方の基礎を提供してくれる。

（2）ジェネラリスト・ソーシャルワークに基づく総合的包括的支援

さらにジェネラリスト・ソーシャルワークでは，従来の面接や社会資源の活用，グループワーク等の枠組みにとらわれず，さまざまな方法やスキルが用いられる。その社会福祉機関・施設に応じた方法やスキルを動員することこそが求められるのである。この点からも社会福祉施設でのソーシャルワークの展開でジェネラリスト・ソーシャルワークは抵抗なく用いることができると考えられる。

以上のようにジェネラリスト・ソーシャルワークの概念を用いると，生活型社会福祉施設において，生活支援を行いながら問題解決型援助を行うことについての概念的枠組みが明確化されるのである。前述したように，生活型社会福祉施設の利用者は利用型社会福祉施設などでは充足されないニーズをもつ。このようなニーズをできる限り充足し，問題を解決し，その人に応じた生活を実現していくことこそが最近よく耳にする「自立」といわれること

なのであろう。

　わが国ではソーシャルワークは，従来ケースワーク，グループワーク，コミュニティワークなどといった枠組みの中で捉えられ，相談援助や地域福祉活動など社会福祉施設での支援とはかなり異なったものと考えられることが一般的であった。また，従来の措置制度のもとで，生活支援型援助が社会福祉施設援助の中心と考えられ，ソーシャルワークは社会福祉施設では「そぐわないもの」「役立たないもの」として考えられる風潮すらあった。しかしながら，社会福祉基礎構造改革の進展の中で社会福祉施設における援助・支援は新しい展開の必要をせまられている。その中で援助・支援をソーシャルワークとして認識し，展開していくことがますます必要となる。また，地域福祉，在宅福祉サービスの展開の中で，地域での援助・支援は新しい展開を迫られる。この状況においても以上のようなことは不可欠である。

　ジェネラリスト・ソーシャルワークは現代におけるあらゆる社会福祉支援の基盤として機能する。地域におけるさまざまな支援においても，社会福祉施設における支援においても，ケアを包含する支援全体を一貫性のある流れに導く役割を果たしている。地域においても社会福祉施設においてもジェネラリスト・ソーシャルワークに基づく総合的包括的支援は総合相談，チームアプローチ，生活支援，ケア，さまざまな様態の支援において重要な方法である。

6　社会福祉援助・支援のプロセス

　ソーシャルワークに実際を理解し，展開していくためにはソーシャルワークが「ひとつの考え方，流れに沿って行っていくものである」という認識をもつことが必要である。

　ケースワークの母といわれるリッチモンド（M. Richmond）の時代から，ソーシャルワークの中心的方法であったケースワークは「社会調査⇒社会診

断⇒社会治療⇒終結」という一連の流れ，すなわち過程（process）に基づいて，遂行していくという考え方が一般的であった。その後さまざまな考え方や方法が輩出し，多くの論者がそれぞれに過程に関する考えを提示した。前述のジョンソンの過程などもその一つである。今日においてもさまざまな考え方があるが，本書においては以下のような過程を用いて説明していくことにする。

　　開始⇒アセスメント⇒援助計画⇒計画の実施（活動）⇒評価⇒終結

（1）開　始

　ソーシャルワークの始まりは「問題」を認識することにある。この問題というのは，いわゆる「生活問題」であり，生活のすべての局面において現れてくる問題である。それは身体的状況，心理的状況，社会的状況における各要因の中で生まれてくるものであり，大変複雑な様相を呈している。ソーシャルワークはこのような介入すべき，また介入するのが望ましい生活問題を認識することから始まる。

　これは利用者が自分で気づいたり，利用者の側にいる人が気づいたり，あるいは支援者が気づく場合もある。従来ソーシャルワークでは，利用者が自分の問題を認識し，それを相談するために社会福祉機関を訪れることから始まるということが一般的であった。しかし現在では誰が発見しても，どのように認識されようが，問題として提示されることが重要であるということに比重が移ってきている。すなわち，問題は現在顕在化していて，明確に提示され，利用者にも十分認識されており，解決すべきものとして理解されている場合ばかりだとは限らないのである。

　例えば子ども虐待の問題は利用者（この場合親もしくは子どもであるが）が「解決すべき問題」として意識している場合もあるが，そうでない場合も多い。このような問題は周りの人が気づき，「解決すべき問題」として提示す

ることが必要である。また支援者・援助者が気づく機会も多い。あるいは問題としてはっきりとは認められていないが、身近にいる人が「何か変だ」と感じ、意識することによって提示されるものもある。それは現在顕在化していないが将来的に顕在化する問題と言うことができる。このような問題に対しても援助・支援者は関わっていくことが求められる。これは「予防的援助・支援」ということができよう。このようにソーシャルワークは図1-2における「感情（感じること）」で開始されるのである。

（2）アセスメント

　介入すべき問題が認識されると、アセスメントが行われる。アセスメントはその問題についてさまざまな情報が集められた後に行われる。それらの情報に基づいて「問題の把握」「状況の把握」を行い、問題が起こるメカニズムや背景についての「理解」を導き出すことをアセスメントという。

　私たちの生活は大変複雑で、そこにはさまざまな状況の絡み合いがある。ここで留意しなければならないことは、生活問題は一元的、直線的な因果関係において起こるものではないということである。一つの問題は一つの原因によって起こるものではないということである。それゆえ「この問題の原因はこれである」というように一元的に決めつけることは避けなければならない。問題も状況も大変複雑で、いろいろな状況が絡み合う中で問題状況が生じていることを理解しておく必要がある。それゆえさまざまな角度からの多元的複合的な視点が重要なのである。これらの作業は図1-2における思考によって行われる。アセスメントのもう一つの目的は「問題の確定」である。これは次の段階である援助計画の前段階としてなくてはならないものである。解決されるべき問題を確定し、その状況を正確に把握することが、問題解決には不可欠なのである。

　アセスメントにはいろいろな方法があり、また、援助が行われる機関や施設によって必要なアセスメントは異なる。アセスメントは全体的な視点から

第1部　スーパービジョンの理論

問題状況をできるだけ正確に把握し，またできる限り簡素に構造化されることが求められる。そのためにアセスメントの項目例（17頁）やエコマップ（巻末資料7参照）等によって利用者の状況を視覚化し全体像の把握を助ける方法を用いることも多い。

（3）援助計画（プランニング）の立案

　アセスメントにおいて問題が確定されるとソーシャルワーカーと利用者は援助・支援の具体的な目標とその達成方法についての合意をはかり，さらに具体的な援助計画を立案し，支援契約を結ぶ。この段階においては特に利用者の参加と自己決定が重要となる。できる限り利用者とともに「何をどうしていくのか」「いつまでにするのか」「誰が（誰と）するのか」を具体的に決めていく。ここで複数の援助者・支援者が関わっている場合はそれらの人々が全員参加しなければならない。

　さて，アセスメントで確定された問題は，「解決すべき問題」である。その解決すべき問題ニーズのように介入していくかを考えていく作業が「計画の立案」である。計画の立案においてまず最初にすることは，解決すべき問題に優先順位をつけることである。まず最初に解決するべき問題は何か，次に解決すべき問題は何か，また，今すぐ解決すべき問題は何か，後回しにできるものは何か，さらに，それを解決することによって自ずと解決していきそうな問題はどれか，などを考慮し解決の優先順位をつけていくのである。優先順位がつくと，次に「目標の設定」をする。目標とは，援助や支援の結果どうなることが望ましいのかということである。つまり問題が解消，緩和されたり課題が達成された状況であるということができよう。目標は問題の優先順位に基づいて設定される。

　目標が立てられると具体的な目標達成の方法を考える。それが「計画の立案」である。計画の立案は，目標達成のために具体的に何をするのかを取り決めることであるともいえる。計画はあくまで具体的に立てられる必要があ

る。それは「いつまでに（期間）」「誰が，誰と」「何を」「どうするのか」を取り決めることである。この際利用者とともに計画を立案する事がのぞましい。利用者が自分の問題や課題に関して，どう解決，達成していくのかを自己決定することは，肯定的変化をもたらすための大きな要素となる。利用者にわかりやすく説明し，利用者のことばで計画を立案していくことが重要なのである。

（4）計画の実施（活動）

計画が立案できるとその計画を実行に移す。ここではソーシャルワークのさまざまな技術を用いて活動する。ソーシャルワークの方法はそれぞれに大きな特徴をもつが，その基盤は共通である。

また，この計画の実施（活動）の段階においてもう一つ忘れてはならないことは，モニタリングである。モニタリングとは計画を実施している期間に問題状況がどのように推移しているかをみながら活動するということである。モニタ（monitor）は監視することである。問題が解決に向かって動いているか，あまり解決に向いていないか，あるいはより状況が悪化しているかなどをみながら活動を進めていくことで，今行っている援助・支援のあり方を把握する。今行っている援助・支援がうまくいっていない，あるいは効率があまりにも悪い場合などは，再度アセスメントを行い，計画の見直しを行うことが必要である。

（5）評価と終結

当初定めた計画の実施（活動）期間が終わるころ，また問題が著しく改善され援助・支援が必要でないのではないかと判断された時などには評価がなされる。それは援助・支援がいかに効果があり（有効性），また，効率的であったか（効率性）について行われるものである。この評価はモニタリングとは異なり最終的な評価であり，目標の達成度合いや活動の効果を測り，その

終結を決定する事を目的としている。ソーシャルワークの評価はソーシャルワークの実践による有効性と効率性の測定をもって行われるが，この測定に関しては信頼性，妥当性，有用性などが備えられている事が必要である。ソーシャルワークの評価には，このような基準を満たす方法が必要となるが，その方法はさまざまに工夫されている。それは実践が行われる機関，施設の種類や性格，そのケースの特性等によって異なる。

　評価がなされ，利用者（クライエント）の問題が解決された，あるいは軽減されてクライエントの生活が円滑に維持できると判断された後に終結となる。終結に関してはクライエントとよく話し合い，クライエントの合意をえて決定される必要がある。また，終結は評価によって終結が妥当だと判断された時点から計画的に行われる必要がある。終結となることによるクライエントの不安を考慮に入れて，徐々に終結へといたる計画を立てねばならない。そのためには終結後の状況や問題が起こった場合の対処等について話し合ったり，終結後にも必要な場合には援助・支援が再開できることをクライエントが理解できるよう援助せねばならない。

7　具体的な支援のプロセスの例

　具体的には，これらのプロセスは利用者個別に，個別支援計画表や自立支援計画表を用いて展開する。個別支援計画や個別の自立支援計画については，ほとんどの施設や事業所において用いられていると思われるが，アセスメントが計画（プランニング）と連動していないとか，評価がアセスメントや計画と関係なく，また根拠（エビデンス）が明確にされずに行われているなどの例を見かける。ソーシャルワークを基盤とした総合的包括的支援においては支援の一貫性を担保するいくつかの仕掛けを準備する必要がある。その仕掛けとは，例えばアセスメント・プランニングシートの策定などである。その事業所や施設において使いやすい，アセスメント・プランニングシートを

職員の話し合いをもとに作り上げていくなどの試みは支援のプロセスを意識化するのに役立ち，事業者や施設全体の支援の質を向上させる。以下にそのヒントとして，アセスメントシートの項目例と，プランニングの見本を示す。

アセスメントの項目例
① 名前・生年月日・住所等の基本的情報
② 家族背景・家族関係等
③ 他者との対人関係のあり方
④ 身体的機能と健康状態
⑤ 知的機能と教育的背景
⑥ 情緒的機能
⑦ 問題解決の能力
⑧ 職業と経済的状況
⑨ 居住状況と社会的移動の状況
⑩ 栄養状況と住居の安全性
⑪ 印象と総合的所見
⑫ 援助を受ける理由
⑬ 課題・ニーズ（箇条書き）……

---

(1) 具体的な支援過程の例

A子さん（23歳）は軽度の知的障害がある女性である。B子ちゃん（3歳）と母子生活支援施設に入所してきた。A子さんは養護学校高等部を卒業後，電気部品組み立ての工場に就職し，そこで前夫（35歳）に出会い結婚した。A子さんは一般的な家事（掃除や洗濯）はできるが，料理が苦手で，また買い物や金銭管理ができず，料理や買い物は夫が代わってやっていた。20歳のときB子を出産したが，A子さんには育児が難しく夫が代わってやらなければならないことが多かった。その一方で，夫はA子さんに黙ってギャンブルに依存し，約500万円の借金を作り，その取立てがたびたびやってくるようになると，A子さんとB子を残して失踪した。借金にはA子さん名義

のものが300万円あった。A子さんは取り立ての男たちにおびえ，またお金もないことから，福祉事務所に相談に行き，女性センター（婦人相談所）に緊急一時保護され，母子生活支援施設に入所することとなった。同時に生活保護を受給開始した。

　A子さんは小学生のときに父を亡くしている。母も病弱でこの2年ほど入退院を繰り返していて，A子さん親子の世話をする状態にはない。姉が2人いるが2人とも他市に嫁いでいて，自分たちの生活だけで大変である。

　入所して1カ月になるが，A子さんの部屋はいつもきれいに整頓されている。無駄なものはなく殺風景な部屋であるが，ゴミ出しや衛生面では全く問題はない。料理は5種類ほどの決まったものを作れる程度であるが，がんばって毎日作っている。洗濯も晴れた日は毎日きっちりとされているが，季節に合ったものがないために，長女の服を職員と買いに行った。買い物は3日に一回職員とともに行っている。他の利用者との交流はまだほとんどない。隣室の利用者とあいさつはしている。健康面に問題はなさそうであるが，母子ともに少し肥満気味である。おとなしくて，控えめで，口数が少ないが，必要なことは話す。

　長女は，順調に発達しており，言葉数は少ないが，母や職員には笑顔を見せ，話をする。保育園も決まっていない。A子さんは保育園のことは「かわいそうだ。まだ早い」と言っている。

　ここではアセスメントとプランニングのやり方を中心に述べたい。まず，アセスメントは，クライエントやそのほかの人との面接やいろいろな方法で収集した情報をあらかじめ施設や機関において定められたアセスメント項目に沿って整理する。整理ができれば，アセスメントの最後に現在のクライエントやその家族のニーズを確定する。この際，医療的ニーズや身体的ケアニーズは医療における診断や看護におけるアセスメント，さらにケアマネジメントで行われるため省く。社会福祉援助・支援でのニーズは主に生活に関するニーズや社会的な活動に関するニーズなどに限られる。ただ，疾病やケ

アに関してもそれが生活に影響をおよぼすことは必ずあるので，そこであらわれる生活上のニーズは挙げることとする。

　アセスメントでニーズを確定する際には，例えば「コミュニケーション」「家族関係」「経済的状況」などの単語をニーズとしてあらわすのではなく，「B子が他の子どもとコミュニケーションが苦手である」「A子とB夫が数カ月話せていない」「A子が借金を抱えている」などの箇条書きの文章であらわす。そのことでニーズが明確化され何を支援の目標にすれば良いのかをより明確に考えることができる。一つのケースで多くのニーズがあらわれることが一般的であるが，まずはそれらの中のいくつかを挙げることを心掛ける。ニーズが一つであることはまれであり，一つのニーズは他のニーズと関連していることがあるためにケースには複数のニーズがある。

　さらにこの複数のニーズをもとに支援の目標つまりゴールを設定する。ゴールは最終的なニーズが充足される状態を示すと考えられる。いわば長期的目標である。そのゴールがあまりにも遠い場合，あるいはもう少し近い短期的目標を積み重ねることが実際的であると考えられる場合はタスク（中短期的目標）を設定する。ニーズの数だけゴールやタスクがあると考えるべきであろう。

　このゴールとタスクを設定した後は，そのゴールやタスクの達成の方法を考える。その際できるだけ具体的な方法，今からでも支援ができるような「何をするべきか」がすぐわかる方法を提示することが重要である。プランを立てる際には4W1H，つまりいつ（いつまでに～頻度を含む），誰が（誰と），どこで，何を，どうするのかを柱にすることが重要である。この際も，単語ではなく箇条書きで示すよう注意する。プランニングではゴールやタスクを達成するために何をするのかを多面的に考察して，一つひとつのゴールやタスクについて複数の方法を考察し記述する。以上のケースについてアセスメントからプランニングまでの流れを以下に示す。

（2）アセスメント

　アセスメントは，以下のような項目に沿って情報を整理することで始まる。項目に沿うことでできるだけケースの全体像を把握することができる。また，整理しながら記録することで支援者がケースをより実態的に理解することができる。その上でアセスメント記録の最後に，現時点での課題，ニーズを箇条書きで複数挙げる。

① 名前・生年月日・住所等の基本的情報（省略）

② 家族背景・家族関係等

　　前夫と結婚生活を送っていたが，前夫は借金を残して行方がわからなくなった。長女（B子3歳）がいる。長女への思いは強い。

　　小学生のころに父親を亡くしている。母親は病気がちで，入退院を繰り返している。姉が二人いるが他市に嫁いでいる。母や姉との関係はまだわからない。

③ 他者との対人関係のあり方

　　入居後日が浅く，他の利用者等との関係はまだわからない。隣室の利用者とは挨拶をされている。

④ 身体的機能と健康状態

　　母子とも健康面に問題はなさそうである。少し肥満気味である。
　　B子は順調に発達している。

⑤ 知的機能と教育的背景

　　A子さんは軽度の知的障害がある（療育手帳Bを所持している）。
　　養護学校高等部を卒業している。
　　B子は，言葉数は少ないが笑顔を見せ，話をしている。

⑥ 情緒的機能

　　A子さんは入居後は落ち着いて生活している。
　　おとなしくて，控えめで，口数が少ない。
　　B子は母や職員には笑顔を見せ，話をする。

⑦ 問題解決の能力

　必要なことは話す。

　わからない事やできない事は，職員が気をつけていると，一緒にしてほしいと頼まれる。

　金銭管理や買い物は苦手である。

　料理はできる範囲で頑張って作っている。洗濯は晴れた日は毎日している。

⑧ 職業と経済的状況

　高等部卒業後，電気部品組み立ての工場に約1年勤務した。

　現在は生活保護受給している。職員と一緒に金銭管理をしており，予算内で生活している。

⑨ 居住状況と社会的移動の状況

　同じ県の他市で生育した。結婚後もその市に居住していた。

　施設入居に伴って本市に転入した。

⑩ 栄養状況と住居の安全性

　食事も作っており，母子とも栄養状況は良好である。B子の補食も十分である。

　部屋はいつも片づいており，洗濯もし，清潔な状況である。

⑪ 印象と総合的所見

　おとなしく，控えめで，口数が少ない。生活面でいろいろ努力をしていて，前向きである。長女をかわいがっていて，過剰な心配をすることがある。

⑫ 援助を受ける理由

　本人名義の借金があり，借金への対処や離婚等の手続きをすすめなければならない。

　子どもを育てるのに常に支援が必要である。

　生活の立て直しをするのに日常的な支援が必要である。

⑬　課題・ニーズ（箇条書き）
　・A子に借金がある。
　・A子は買い物ができない。
　・B子が他の子供と関わる機会がない。
　・A子は離婚ができていない。

（3）ゴール（タスク）
　アセスメントによってこの時点でのニーズが示されると，そのニーズが充足された状態であるゴールやもう少し近い目標であるタスクを設定する。このケースにおいて考えられるゴール（タスク）は以下のようなものである。
　①　A子の借金が無くなる。
　②　A子が必要な買い物ができる。
　③　B子が他の子どもと関わる機会ができる。
　④　A子が離婚できる。

（4）プランニング
　ゴール（タスク）が設定されれば，次はプランニングに移る。プランニングはゴール（タスク）を達成するための具体的な方策を多面的に組み立てていくことであると考えられる。いわば支援のパーツを多面的にそろえて組み合わせることと考えればよいだろう。以下に，上記のゴール（タスク）①と④に関するプランニングの一部の例を示す。プランニングではゴール（タスク）ごとに複数のプランを提示する。

　　　　　　　例）
いつ（までに）→11月30日までに　3回・1時間程度
誰が　　　　　→A子さんとBワーカーが
どこで　　　　→相談室で
何を　　　　　→借金の対処と離婚についての思いとその方法について

どうするのか→A子さんに共感しつつ話し合う。

　一連の支援の過程では，この後プランニングに基づいて支援を実施する。プランニングでは「いつ（いつまでに）」という事が意識されるので，支援期間が明確になる。この支援期間が終わるまでは，モニタリングを行いながら支援を進めていく。支援期間が終わる時点，またはゴール（タスク）に到達し，もう支援が必要ではないと考えられる場合には評価を行う。評価によってまだ支援が必要と判断される場合には再度アセスメントを行い，同じようにプランニングを行い支援を展開する。長期にわたる支援については巻末資料7の一連の個別支援計画書を中心とした支援過程の記録を参考にされたい。

8　パラレル（並行）なプロセスとしてのスーパービジョン

　さて，ここでソーシャルワークとスーパービジョンの関係に少し触れていきたい。ソーシャルワークは以上のような一連のプロセスを踏んで行っていくのであるが，スーパービジョンも，決して細切れの一場面だけの助言やアドバイスに終わるのではなく，支援の過程に沿って展開する必要がある。
　スーパーバイザーもスーパーバイジーも以上のような一連の一貫性のある支援を行うことを前提としてスーパービジョンを行うことは言うまでもない。スーパービジョンはこのソーシャルワーク，支援の流れと並行（パラレル）に進める必要がある。つまり，開始から終結までプロセスを追って，スーパービジョンも進めていくのである。
　後に詳述するが，例えば，経験の浅いスーパーバイジーにおいては，開始の段階では，支援を始めるにあたっての準備や，予備的な方針についての話し合いとその明確化，開始する際の疑問点や不安についての話し合い，アセスメントの段階においては一緒にアセスメント記録を作成し，さらにニーズや課題を明らかにする。プランニングの段階では，アセスメントをもとに共

にゴール設定をし，支援計画をたてる。計画の実施（活動）の段階では，支援計画の進捗状況を確認し，さまざまなスーパービジョンのスキルを用いて支援を進めていくようスーパーバイジーを支援する。その詳細は後述する。評価においては今までに支援のあり方を振り返り，いくつかのツールや尺度を用いて支援のあり方を共に評価し，終結や再アセスメントなどの決定を支援する。これで一連のスーパービジョンのプロセスは終了する。

　ある程度経験があるスーパーバイジーについては，準備やアセスメント，プランニング等は自立して行ってもらい，そのあり方を共に確認する。計画の実施（活動）は経験の浅いスーパーバイジーと同様，支援の進捗を確認しさまざまなスキルを使って支援を進めていくよう支える。評価については共に支援を振り返り，評価を実施する。

　以上のように，スーパービジョンは，支援のプロセスに沿って継続的に遂行する。このことで，事業所や施設の支援の質が担保できるのである。

第2章　社会福祉のスーパービジョンとは

　本章では社会福祉援助・支援におけるスーパービジョンの基礎理論を確認することによって，スーパービジョンを実践するための基本的視点を明らかにする。また，社会福祉機関や施設においてスーパービジョンを実践することの意義について，包括的な認識をさぐる。

　スーパービジョンとは，ワーカーの養成と利用者（クライエント）の支援の向上を目的として，スーパーバイザーがワーカーとのスーパービジョン関係の中で教育的・管理的・支持的機能を遂行していく過程である。このようにスーパービジョンには主たる2つの目的がある。一つは社会福祉専門職員（ワーカー）の養成である。実際の援助・支援に即してスーパービジョンを受けることで，ワーカーとしての成長が促される絶好の機会が得られる。また，もう一つの目的はクライエントの支援の向上である。スーパービジョンが適切に機能することによって当該機関・施設の目的等に沿った支援のレベルが確保されることとなる。

1　スーパービジョンの機能

　カデューシン（A. Kadushin）によれば，スーパービジョン概念はその機能によって，教育的スーパービジョン，管理的スーパービジョン，支持的スーパービジョンの3つに分類される（表2-1参照）。

表2-1 スーパービジョンの目的

スーパービジョンの機能	短期的目的	長期的目的
教育的機能	より効果的に業務が遂行できるようワーカーの能力を改善する	究極的に利用者に効果的で効率的なソーシャルワーク援助を提供する
管理的機能	業務を効果的に遂行できるようワーカーに仕事の状況設定を提供する	
支持的機能	ワーカーが良い感情をもって仕事ができるようにする	

出所：Kadushin et al.（2002）の整理を参照して筆者作成。

（1）教育的機能

　スーパービジョンの教育的機能は従来スーパービジョンの最も主要な機能と考えられてきたものであり，ソーシャルワーカーの養成に不可欠なものとされてきた。教育的機能は社会福祉専門職員（ワーカー）が利用者に適切な援助を提供できるよう導いていくことによって，ワーカーに専門的な価値，知識，専門技術（スキル）などあらゆる社会福祉援助に必要な要素を習得させ，さらに社会福祉援助者としての自覚や自己覚知などをもたらすような機能であるということができる。

（2）管理的機能

　スーパービジョンの管理的機能は社会福祉機関・施設がその責任において，利用者に対して適切で有益な援助を提供するために，養成段階のワーカーや実習生を含むすべてのワーカーが当該機関・施設の目的・方針・手続きなどをよく理解し，それにしたがってある一定レベル以上の援助を提供できるよう，ワーカーを援助する機能である。この機能は社会福祉機関・施設がその社会的責任を果たすためになくてはならない機能であり，業務の配分，業務の計画，援助・支援・サービスの状況把握と指導，評価などもこの機能に含まれる。

（3）支持的機能

　スーパービジョンの支持的機能はスーパービジョンの教育的機能や管理的機能を遂行する上でワーカー（スーパーバイジー）を受容し，精神的に支えることでワーカーが安定した状況で利用者に援助を提供でき，また社会福祉援助者としての価値，知識，専門技術などを習得することを促進させる機能であると考えられる。この支持的機能はスーパーバイザーとスーパーバイジーの間の信頼関係を背景とした「スーパービジョン関係」を基盤として遂行される。

　これらのスーパービジョンの機能を，スーパーバイジーの側からいえば，実際の支援・援助・サービスをスーパーバイザーの指導，支持，教授など，その状況に応じた適切なスーパービジョンを受けながら遂行していくことで，社会福祉専門職員としての実践的価値，知識，専門技術を身に付け，また利用者に質的にある一定レベルを確保した援助・支援等を実践者として提供できるのである。このように，スーパービジョンは，単に文献を読んだり，援助技術の研修などを通して身に付けたり，という方法では得る事のできない生きた経験を提供してくれる。

　スーパービジョンはスーパーバイザーとスーパーバイジーの間で行われる相互作用である。そこにおける関係はソーシャルワーカーとクライエントとの関係とパラレルであるといえよう。ソーシャルワークにおけるワーカー＝クライエント関係はソーシャルワークの「命」とまで言われる程重要なものである。それと同様にスーパービジョン関係はスーパービジョンの成功の鍵を握る大切なものである。そこには確固とした信頼関係がなくてはならない。また，単なる職場の上司と部下の関係ではなく，スーパービジョンを行うという明確な目的と契約に基づくものでなくてはならない。さらに，一方的な教授関係ではなく相互作用を行う関係として位置づけられなくてはならない。すなわちスーパーバイザーからと同じようにスーパーバイジーからも意見を述べることができる関係でなければならない。さらに，スーパーバイザーは

スーパーバイジーを同じ専門職に携わる人間として扱う必要がある。このようなスーパービジョン関係があればこそ，スーパービジョンは成立するのである。

2　スーパービジョンの過程

　スーパービジョンはさまざまな状況で，さまざまな方法を用いて行われている。スーパーバイジーが担当している援助・支援の一部についてスーパービジョンが行われることも多い。しかしながら，スーパービジョンには一連のプロセスがある。それは社会福祉援助・支援のプロセスと並行して行われることが一般的であり，より意義があるものである。

　スーパービジョンの過程は準備の段階から始まる。スーパーバイザーはスーパーバイジーや用いるケースの援助状況や概要について，あらかじめ必要な知識を得ておくことが必要である。また，スーパーバイジーは援助状況やケース概要についてスーパーバイザーにプレゼンテーションを行うべく，準備をする。

　スーパービジョンの実際は開始の段階から始まる。開始の段階ではまず，スーパーバイジーは援助状況やケース概要についてスーパーバイザーにプレゼンテーションを行う。さらに，最初のクライエントとの接触の準備を行う。最初の接触において，何をしなければならないか，どんな情報を得なければならないかなどを，考え，まとめ，スーパービジョンを受ける準備をするのである。また，援助・支援についてのスーパーバイジーの動機づけの確認を行うことも重要である。

　実際に援助・支援が始まると援助支援のプロセスにしたがってスーパービジョンを行う。必要な情報が集められているかを話し合いの中で確認し，必要な情報が集められていない場合には，何が不足しているのかを考えて，また，情報収集の方法がわからない場合にはその方法を共に考えたり，教授し

たりする。

　アセスメント，援助支援計画では初心者のスーパーバイジーにおいては，共にアセスメントや援助支援計画作成を行い，スーパーバイジーはそれを記録する。さらにそれを共に確認する。ある程度の経験をもつスーパーバイジーでは，スーパーバイジーが作成したアセスメント記録や援助支援計画をもとにスーパービジョンを行う。この際，留意すべき点は，アセスメントができる限り正確で，必要な項目が網羅されているか，援助・支援の方向性がある程度確定されていて，それが妥当であるかどうかが明確にされることである。さらに，援助支援目標が適切に設定できているか，援助支援計画が適切に導き出されているかを検証することが必要である。さらに，援助状況の理解が適切に行われるよう導くことも必要である。

　また，活動段階でのスーパービジョンはさまざまな技法を用いて，スーパーバイジーの記録をもとにスーパービジョンを行う。この際第1に，援助・支援の焦点や援助支援の枠組み等の援助・支援の構造の理解を深めることに重点をおかねばならない。援助・支援における自己の用い方や自己覚知を深めることが第2の焦点になる。さらに第3に，援助・支援技術の向上をもたらすべく，スーパービジョンの技術を用いてスーパーバイジーの知識，価値，技術の内面化を促進することに重点をおく。また，モニタリングの能力を高めることも重要である。

　評価におけるスーパービジョンはスーパーバイジーの評価の能力を向上させることを目的として行う。援助・支援の評価はそれまでの援助・支援を客観的にとらえ，妥当で信頼性のあるものでなければならない。スーパービジョンにおいては適切な評価の導き方を獲得できるようスーパーバイジーを援助する必要がある。また，スーパーバイザーによる評価も合わせて行い，スーパーバイジーに自らの援助・支援のふりかえりを促し，適切なフィードバックをもたらす事が重要である。また，終結を判断することも，この段階での主要な仕事である。終結の段階では計画的な終結を行えるよう援助すべ

きであろう。

以上，スーパービジョンの過程を述べてきたが，この過程は第2部で具体的に触れていくことにする。また，スーパービジョンの過程はスーパーバイザーとスーパーバイジーの双方の立場から記録を残す必要がある。

3 スーパービジョンにおける記録

スーパービジョンを行う媒介となるのは記録である。スーパービジョンに際しては，記録は支援記録とスーパービジョン記録とを用意することが必要である。

スーパービジョンでは，スーパービジョン用の記録を用意し，支援記録でそれを補うという方法が，最も現実的であると考えられる。

スーパーバイジーは事前に記録の一部をスーパーバイザーに届け，スーパーバイザーはそれにあらかじめ目を通しておく。スーパーバイジーは，①準備用の記録（支援開始前に，ケースの概要や予備的な方針，さらに用いられる社会資源や手段についてまとめたもの），②支援記録（支援の進捗状況に沿ったフェイスシート，アセスメント記録，計画記録，プロセスレコードなど），③スーパービジョンのための記録（スーパービジョンを受けるたびに作成する記録。スーパーバイジーが受けたいスーパービジョンのポイントを簡潔にまとめたもの。フィードバックができるよう，スーパービジョンを受けた後に書く欄も設ける）を準備する。

スーパーバイザーは，スーパービジョンの度に，スーパービジョンの記録をつける。また，スーパーバイジーの支援についてのアセスメント等の記録や評価の記録も用意することが望ましい。スーパービジョンの記録については，第6章および巻末資料でさまざまなシートを紹介する。

スーパーバイザーとスーパーバイジーはそれぞれの記録を別々にファイルし，厳重に保管する。そのケースが終わった時点でそろえて保管し，スーパーバイザー養成のための教材とする事もできる。その際も，記録の保管に

は細心の注意が必要である。

　記録を用いることによって，スーパービジョンは効果的に意識的な支援を遂行することを助ける。つまり，ケース目標の明確化，援助手段（方法）の明確化，ケース計画（期間設定を含む）の明確化，支援・援助の記録（明確な記録〔4W1H〕を明示），さらに効率化への努力などがスーパービジョンによって徹底されるのである。

4　スーパービジョンの方法

　社会福祉現場におけるスーパービジョンは社会福祉専門職員であるスーパーバイザーによって行われるのが一般的であり，また単なる知識や技術の伝授ではなく，目的をもって意識的に行われる過程であることを明確にしておくことが必要である。その目的とはもちろん究極的にはスーパーバイジーが社会福祉専門職員として必要な資質を身に付けること，さらには社会全体の社会福祉援助の質を高めることにあるが，スーパーバイジーはより具体的な個別の目的を明確にした上でスーパービジョンに臨まなければならない。

　このような明確化にとって重要な手段となりうるものにスーパービジョン目標の設定がある。スーパービジョンの目標は過程を通じて連続性を持つ必要がある。スーパービジョンにおいてはこの目標を常に意識し，考察し，達成を目指すことが重要である。しかしながらスーパービジョンの目標は固定的なものではなくスーパービジョンの過程において必要に応じて変更することも可能である。スーパービジョン目標は抽象的なものではなく，機関・施設等の状況や利用者の状況，スーパーバイジーの課題などに応じた，より具体的なもので，かつ論理的に一貫性を持つことが不可欠である。スーパービジョン目標の設定はスーパーバイザーとよく話し合って行う。

　設定した目標はスーパービジョンにおいて具体的な状況，利用者との関わりなどを体験し具体的理解を得ることで，部分化（目標をより細かな具体的な

ものにすること）する必要がある。もちろん部分化された目標はもとの目標と一貫性をもち，目標を構成するものでなくてはならない。目標や部分化された目標はスーパービジョンの目標と一致することは言うまでもない。スーパービジョンはさまざまな方法で提供される。以下でその代表的な方法を挙げ，そのスーパービジョンを活用する方法について述べてみたい。

（1）一人のスーパーバイザーによる個別スーパービジョン

社会福祉援助・支援において個別のスーパービジョンを受ける機会はそう頻繁には得られるものではないが，ここでは個別スーパービジョンを受けるという機会をできる限り活用する方法について述べる。個別スーパージョンの時間をとってもらえることがわかれば，すぐに準備にとりかかる。準備としては次のような項目が挙げられる。

① 目標に照らし合わせ，その時点までの自らの援助・支援の流れ，過程をふりかえる
② 個々の支援，あるいは集団支援における疑問点を明確化する
③ 自らの行った支援についてまとめておく
④ 実習を通して考えたこと，感じたことなどをまとめておく

以上の準備はスーパービジョン時までに記録としてまとめておくことが効果的なスーパービジョンを受ける前提条件となる。特に③においては過程叙述的な記録（逐語記録など）を用意することが望ましい。

実際スーパービジョンを受ける時には，準備した記録に基づいた進め方をするのが一般的である。スーパービジョンにおいては，

① その時点での目標の達成度，目標達成のための方法についての話し合い，必要であれば目標の再設定，またその時点までの実習過程の評

価などについての話し合い
② 個々の支援や集団支援における疑問点の提示と話し合い
③ 自らの行った支援についての技術的，知識的教授及び考察・理解
④ 考え方や情緒面での支持など

を具体的に行う。このような個別のスーパービジョンを受ける機会が与えられるのであれば，スーパーバイジーはその機会を最大限活用するために，積極的に準備をしたり発言したりしなければならない。その際には，抽象的な難しい言葉や概念を用いるのではなく，できる限り「自分の言葉で」「具体的に」発言することが不可欠である。また，スーパーバイザーとの信頼関係を築くよう努め，スーパービジョンを自分への批判や叱責などととらえるのではなく建設的に活用するよう努めなければならない。さらに，決して自己防衛的にならずに，スーパービジョンを心から受け入れる工夫をなさなければならない。

スーパービジョンは相互的な関係性の過程である。それゆえスーパーバイザーに遠慮することなく，わからないことがあれば徹底的に質問などを繰り返し，また意見や考え方が異なる場合においても徹底的に話し合い，相互に理解することが大切である。スーパーバイザーの意見を押し付けられたり，疑問や不満などをそのままにしておくことは避けなければならないのである。

（2）グループ・スーパービジョン

グループ・スーパービジョンは効率的であるために，現場では最も現実的な方法であろう。スーパーバイザーが一人の場合もあるが，カンファレンスの中で行われる場合も多い。内容や準備，留意点などは個別スーパービジョンとほぼ同じである。ただグループの場合，スーパーバイジーが複数であるためにスーパーバイザーが個別に丁寧に対応することはしないので，より積極的な姿勢が望まれる。しかしながら他のスーパーバイジーの援助・支援，

意見，考え，知識などを聴くことができるので，大変幅広く学習できる機会となる。ただ，それだけ自分のスーパービジョンに割かれる時間が限定されていることや，複数の人が関わるために内容が浅くなったり，拡散したものになる可能性も高いので留意する必要がある。

（3）ピア・スーパービジョン

　ピア・スーパービジョンは仲間・同僚同士のスーパービジョンという意味である。ある程度の経験や技量をもつソーシャルワーカー同士がスーパービジョンをお互いに行い合うというものである。普段の支援の際にも同僚同士で支援について話し合い，お互いに助言や情報を提供し合うという事は日常的に行っていると思われるが，ピア・スーパービジョンはそれをフォーマルなスーパービジョンの場を設定し，そこでスーパービジョンの方法を用いてスーパービジョンを行い合う事である。そのことで，同僚同士の支援に関するニーズを共有し，効率的効果的にそのニーズを充足することが可能となる。グループスーパービジョンと同様，スーパービジョングループの参加者は，他者のケースを丁寧にスーパービジョンし合うことで，そのケースから多くのことを学ぶ機会となる。

　ピア・スーパービジョンでは，時間の設定（期間と定期的な開催時間等），参加者の相互契約（ピア・スーパービジョンの契約），進め方の合意（事例提供者の決め方や各回の進行のあり方等），参加者の役割（その回における進行役や記録役等），進行におけるルール（批判をせず，肯定的なフィードバックを行う事や支援の役に立つスーパービジョンを行うためのルール）等を取り決め，スーパービジョンという枠の中で進めることが不可欠である。

　以上のような方法でスーパービジョンは行われる必要がある。スーパービジョンはどのような方法であれ，スーパービジョンの枠組み（時間，方法，記録など）を取り決め，その枠組みの中で遂行することが重要である。

第3章　スーパービジョンの基本的考え方
―― 相互作用アプローチを中心に

　ソーシャルワークのスーパービジョンは，ソーシャルワークの始まりにその源流をもつ。慈善組織協会（COS）の中心的な活動であった「友愛訪問」において用いられたことを皮切りに，ソーシャルワークの発展とともにスーパービジョンは展開されてきた。この歴史的変遷については他の文献に詳しいが，ここでは現代における社会福祉スーパービジョン，特にわが国の社会福祉の状況におけるスーパービジョンのあり方において，理論的基盤として的確な視角を与えてくれると考えられる「相互作用アプローチ」におけるスーパービジョンの考え方に言及し，それを本書の理論的基盤として位置づけたい。

1　スーパービジョンの相互作用アプローチ

　「相互作用アプローチ」はもともと，シュワルツ（W. Schwartz）によってグループワークのモデルとして構築されたものであり，ソーシャルワークの統合化において大きな役割を果たしたものである。
　この考え方は個人と社会の関係を「共生的な相互依存関係」（symbiotic interdependence）として捉え，この2者間においてソーシャルワーカーが果たす活動を「媒介する機能」（mediating function）として捉えているところにその一つの特徴が見られる。
　シュワルツのこの考え方を継承し発展させたシュルマン（L. Shulman）はこの考え方をスーパービジョンにおいて展開し，いわば「スーパービジョン

35

の相互作用アプローチ」を構築した。

　シュルマンはカデューシンの1976年の定義を引き，自著の目的と合致していると述べている（Shulman 1982：13）。その定義とは「ソーシャルワークのスーパーバイザーは，機関のアドミニストレーションのスタッフとして，スーパーバイジーの仕事に関して，方向性を与え，調整や強化を行い，評価する権限と責任を与えられている。この責任の遂行のために，スーパーバイザーは，スーパーバイジーとの相互関係において，管理的，教育的，支持的機能を果たす。スーパーバイザーの究極的な目的は，機関の方針や手続きに従って，クライエントに量的，質的に最善のサービスを提供することである。スーパーバイザーは，クライエントに直接にサービスを提供するわけではないが，直接的なサービスに携わるスーパーバイジーに影響を与えることによって，間接的にサービスのレベルに影響を与えることになる」（Kadushin 2002：23）というものである。

　シュルマンはこの定義について，「『肯定的な関係という文脈において』スーパーバイジーとの相互作用の中でこれらの課題を遂行していくことを強調している」（Shulman 1982：12-13）としている。さらに，シュワルツがスーパービジョンの相互作用的特性を強調し，機関の有効性は結局そこで用いられるスーパービジョンのスキルによって左右されると指摘していることをとらえ，スーパービジョンの課題が，スキル，有能性，調整であるというシュワルツの考えに同意している。シュルマンの考えは，このようなスーパービジョンの相互作用の特性に注目したものである。

　わが国でも，ソーシャルワークのスーパービジョンの考察は「ケースワーク」におけるスーパービジョンを中心に展開されてきた経緯がある。現場でのスーパービジョンもこの「ケースワークモデル」と名づけることのできる考え方を中心に実践されていることが多い。実際筆者が長年受けていたものも「ケースワーク」の実践に関して，「ケースワーク的に実施される」スーパービジョンであった。このモデルは「ケースワーク」の時代においては大

変有効であった。しかし，ソーシャルワークの統合化が進み，新しい時代のソーシャルワークが展開されることが求められる時代においては，この「ケースワークモデル」のスーパービジョンの考え方では対応できないことは明白である。新しいソーシャルワーク，特にわが国の社会福祉状況を考えると新しいスーパービジョンのモデルが必要となる。その新しいモデルとして有効だと考えられるのがこの「相互作用モデル」である。

「相互作用モデル」におけるスーパービジョンは，複雑化高度化する社会福祉問題や社会福祉援助をめぐる状況に対応できるモデルである。第1章で述べたわが国での「ソーシャルワークを基盤とした総合的支援」の展開に合致したモデルであると位置づけたい。それゆえ，本書ではスーパービジョンの基本的な考え方をこの「相互作用モデル」において展開していくことにする。

2　スタッフシステムとの相互作用とスーパービジョン

シュルマンは援助専門職であるソーシャルワーカーが行う援助では，ワーカーは業務に関わるさまざまなシステムと常にダイナミックな相互作用的関係をもち，その中でさまざまな機能を果たすことで遂行されうると考えている。そのシステムはワーカーの仕事に関連する多くのシステムである。シュルマンは例えば児童福祉機関で働くソーシャルワーカーの関連するシステムとして，「クライエント，里親，機関の管理職，スーパーバイザー，専門職の同僚，機関の事務職員，学校などの他の機関や施設」などの多くのシステムを挙げている。この考え方が相互作用モデルの基本である（図3-1参照）。

相互作用モデルによれば，あらゆる種類のソーシャルワーカーは，こういったシステムの中の1つ以上のシステムと交渉しつつ仕事を遂行している。このモデルにおいては，ワーカーは数多くの「業務に関連する」システムと

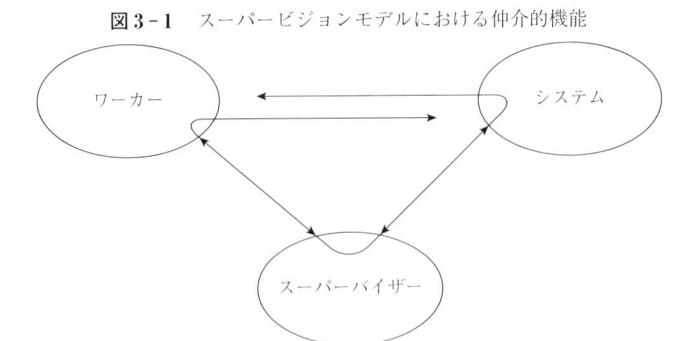

第1部　スーパービジョンの理論

図 3-1　スーパービジョンモデルにおける仲介的機能

```
    ワーカー ←――――――→ システム
          ＼          ／
           ＼        ／
            ＼      ／
          スーパーバイザー
```

注：双方向の矢印（相互作用）はスーパーバイザーがワーカーと多くのシステムとの仲介として機能していることを示している。
出所：Shulman（1982：20）．

の相互作用に関与している存在であると概念化される。さらに，それらのシステムとの相互作用においてワーカーは効果的にそれらと交渉するために特別な知識やスキルを必要とする。それらは，例えばワーカー＝クライエント間の相互作用のダイナミクスの理解であったり，関係のスキルやコミュニケーションのスキルを習得することであったり，ある種のクライエントが直面している独自の問題に対処するための知識であったり，効果的な実践に役立つものや地域で活用できるサポートシステムを見出すための方法等である。

　しかしながら，ワーカーと機関との関係はいつもうまくいくとは限らない。例えばワーカーと機関との関係が壊れる要因としては，①機関の業務遂行上のマネジメントの問題，②機関の方針や手続きを遂行していくために必要なワーカーの能力（クライエントに対する能力や他のワーカーとの調整に関する能力等）の問題等が挙げられる。これはスーパービジョンの管理的機能と教育的機能と関連していることは明らかである。

　また，ワーカーと多くの他のシステムとの相互作用において多くの障害が生じ，それによって関係がうまくいかなくなることも多い。その障害とは，例えばクライエントに関する困難さや複雑なシステムが内包する障害であったりする。さらに，ワーカーが仕事を行う状況でさまざまなシステムとの間

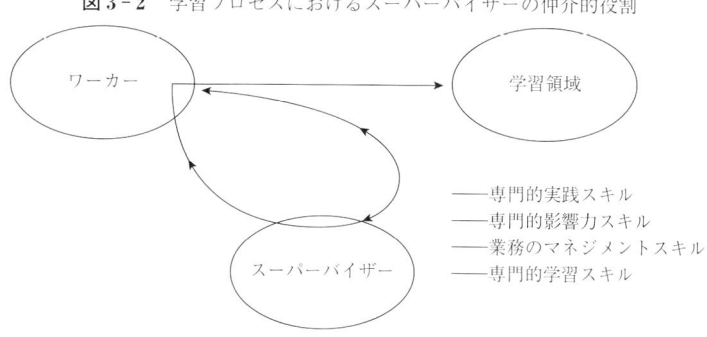

図3-2　学習プロセスにおけるスーパーバイザーの仲介的役割

```
　ワーカー ←――――――→ 学習領域
　　　　　　　　　　　　―― 専門的実践スキル
　　　　　　　　　　　　―― 専門的影響力スキル
　　　　　　　　　　　　―― 業務のマネジメントスキル
　　スーパーバイザー　　 ―― 専門的学習スキル
```

出所：Shulman（1982：167）．

で的確なコミュニケーションを維持することはかなり大変なことである。このことはメッセージの誤った解釈や権威や依存といった潜在的な要因によるものであることも多い。あるいは対立や敵対に伴う潜在的な怒りや緊張，立場の違いからくる考え方や行動の相違が要因となることもある。

このようなことに対応するためにスーパービジョンの機能が必要となるのである。このような相互作用においては一般的に助けが必要とされているのである。スーパービジョンはこのような相互作用において管理的，教育的，支持的な機能を果たし，これらの相互作用を円滑に機能させることがその役割となるのである。スーパーバイザーは「第三の力」として，あるいは仲介者としてこの相互作用に介入するのである。このようなスタッフとシステムの相互作用やそこにおけるスーパービジョンは具体的にはスーパーバイザーの採るスタイルや環境によって多様に変化するが，基本的に図3-2に示されるような働きをする。スーパーバイザーはここで仲介的機能を果たすのである。

3　スーパービジョンの機能と原理

スーパービジョンの教育的機能は従来スーパービジョンの最も主要な機能と考えられてきたものであり，ソーシャルワーカーの養成に不可欠なものと

されてきた。その目的とするところは，「より有効に仕事をこなす能力の向上，専門家として，臨床の知識や技術を自主的に最大限活かせるよう援助する」(Kadushin et al. 2002：129) ことにある。教育的機能は社会福祉専門職員（ワーカー）が利用者に適切な援助を提供できるよう導いていくことによって，ワーカーに専門的な価値，知識，専門技術（スキル）などあらゆる社会福祉援助に必要な要素を習得させ，さらに社会福祉援助者としての自覚や自己覚知などをもたらすような機能であるということができる。

　この機能は伝統的なケースワークのスーパービジョンにおいて重視されてきたもので，臨床的スーパービジョンと呼ばれることもある。わが国における伝統的なケースワークのスーパービジョンについては，1970年にD．デッソーが『ケースワークスーパービジョン』という著書を残している。この著作がわが国においてソーシャルワークのスーパービジョンについて書かれた，まとまった内容を持つ最初のものである。ここではケースワークの理論，枠組みを踏まえて，ケースワークの面接についてのスーパービジョンのグループセッションについて事細かに述べられている。その内容は面接におけるワーカーとクライエントの相互作用について詳細な分析をし，ワーカーの成長過程を追い，スーパービジョンの基本的考え方やその方法を論じたものである。ソーシャルワーカーとして身に付けるべき，知識，技術，態度等を，実践とそのスーパービジョンを通じてワーカーが獲得していくかを的確に示している。この後，時代的な背景もあり，ソーシャルワークのスーパービジョンは教育的機能を重視した，このような臨床的スーパービジョンを中心として発展することとなる。それゆえ，スーパービジョンは主として「ワーカーを教育する方法」としてとらえられるようになったのである。

　スーパービジョンの教育的機能は，「ワーカーが仕事を遂行していくために知る必要があることを教え，その学びを援助すること」であると考えることができる。それは，「効果的なソーシャルワークの技法を教える」「スタッフのコンピテンスを個人，グループのカンファレンスを通して発達させる」

「仕事の遂行に関わってスタッフを教え訓練する」ことで遂行されるものである。また、「教える、学習を促進させる、訓練する、経験や知識を共有する、情報を提供する、明確化する、導く、解決を見出すようワーカーを援助する、専門職としての成長を強化する、アドバイスする、ヒントを与える、問題を解決するようワーカーを援助する」という活動によって体現化される (Shulman 1982：129)。

　また、シュルマンはソーシャルワーク専門職としての実践における4つのカテゴリーを挙げているが (Shulman 1982：165)、この4つのカテゴリーがスーパービジョンで獲得されるべきワーカーの能力であると考えられる。その4つのカテゴリーは①専門職としての実践、②専門職としての影響力 (impact)、③業務のマネジメント、④専門的学びであり、スーパービジョンを通じて獲得すべき「学習の領域」である (図3-2参照)。

　専門職としての実践は、クライエントを援助する際に用いる、コミュニケーションや関係、あるいはアセスメントに関わるスキルである。専門職としての影響力は「機関や近隣社会、あるいは専門職それ自体において社会的変化をもたらすよう専門職として貢献できるよう行動する際に必要となるスキルである。業務のマネジメントは記録や情報収集、結果の開示等の実践をまとめるスキルである。専門職としての学びは専門職の問題を扱う場合に、専門職の問題を解決するための個人的努力をするにあたって、スーパービジョンや文献、同僚や専門家などの資源を活用するスキルである。図3-2は相互作用モデルにおけるそれらのスキルをワーカーが学ぶ際のスーパーバイザーの仲介的役割を表したものである。

　シュルマンによれば、ここで用いられるスーパービジョンのスキルは、「波長あわせ」と「間接的な暗示に直接的に応対する」「契約」「ワーカーの権威を取り扱う」「共感のスキル」「セッションの契約」「丁寧に取り扱うスキル」「実践においてなすべきことを示す」「自身の感情を共有する」「情報を共有する」などである (Shulman 1982：166-167)。

スーパーバイザーの主要な「学習の領域」の知識と考えを伝える能力は，明らかに「教える」ことの中心である。さらにスーパーバイザーの課題は学ぶべき主要な「学習の領域」と「学ぶ人」を仲介することにある。実践の核となるスキルをワーカーに教える際にはそのスキルをデモンストレーションしたりモデリングすることは効果的な方法となる。それは，ワーカー＝クライエントの文脈で行うことに意味がある。これらのスキルの習得のモニタリングや評価をすることでスキル習得のパターンや新人のワーカーや実習生の平均がわかり，経験のあるワーカーをスーパーバイズする際の特別な問題を扱うためのヒントがわかる。

スーパービジョンの教育的機能は管理的機能と同じ目的を共有している。それはクライエントにできる限り最善のサービスを提供することである。管理的スーパービジョンはソーシャルワークの環境を構築することと，ワーカーが効果的に業務を遂行できるように資源を提供することに主眼がおかれるのに対して，教育的スーパービジョンはワーカーが効果的な実践を行うために必要な知識や実践的スキルを提供する。さらに管理的スーパービジョンは組織的官僚制のニーズに対応するのに対して，教育的スーパービジョンは能力を高め，専門職としての実践を志向するという専門職としてのニーズに対応する。また，管理的スーパービジョンがマネジメントのスキルを必要とするのに対して，教育的スーパービジョンは技法についての，そして教育学的なスキルを必要とする。さらに支持的スーパービジョンは人間関係上のスキルを必要とする（Shulman 1982：133）。

機関の目的や方針，価値，手続きに対して責任をもつことや忠誠心は教育的スーパービジョンを通して獲得される（Shulman 1982：133）。

教育的スーパービジョンによって管理的スーパービジョンの効果がよりあがり，管理的スーパービジョンによって教育的スーパービジョンが補強されるなど，相互に強化している。教育的スーパービジョンは管理的な調整を円滑に遂行できるようにし，より効果的なコミュニケーションを行えるように

する。また，教育的スーパービジョンによってワーカーは自分の実践を評価できるようになる。よい実践とそうでない実践との区別がつくようになり，自分自身の基準をもてるようになる。つまり，コントロール，コミュニケーション，協力，評価といった管理的スーパービジョンの機能は，すべて教育的スーパービジョンによってより遂行しやすくなるのである（Shulman 1982：135）。

カデューシンは，教育的スーパービジョンの5つの領域として，パールマンのいう4つのP，すなわち，人々（People-個人，家族，グループ，地域社会），問題（Problem-社会的機能における問題），場所（Place-人々が訪れたり送致されてくる機関），援助過程（Process），およびワーカー（Personnel-職員）に関することをあげている。これらの5つの領域に関する知識，態度，スキル等をスーパーバイザーが教え，スーパーバイジーが知ることがその内容となるのである。また，この際，援助の方法論だけでなく，援助過程の一連の特質もスーパービジョンで教えられる。

さらにスーパーバイザーはワーカーの専門職としてのアイデンティティを発達させるよう教育する必要がある。それはソーシャルワーカーの専門職としての態度，感情，行動などである。それらはクライエントとの効果的な援助関係を維持し発展させる。偏見やステレオタイプ的なものの見方を排し，自己決定や秘密保持，非審判的な見方を受け入れることである。

またワーカーの態度，感情，行動等に関する自己覚知を促すことも教育的スーパービジョンでは重要である。自己覚知を促すことは思慮深い，訓練された，また意識的な方法でクライエントと接することを可能にする。そのことはよりよい援助をもたらす。

できる限り，客観的に人の行動を理解することは自由に感情に接近することを可能にする。ナザンソン（Nathanson）は自己覚知を「他者や状況に対する自分自身の反応を知覚し，他者が自分をどう見ているかを理解する能力」と定義している（Shulman 1982：138）。

自己覚知はソーシャルワーカーが自分自身を知り，理解することである。自己覚知には個人的自己覚知と専門職的自己覚知があると考えられる（大塚ほか編 1994：233）。双方ともソーシャルワーカーが自己のあり方を意識化し，それを深く理解することで，ソーシャルワーク実践の道具としての自己を最大限実践に役立てることを目的としている。個人的自己覚知は専門職業的自己覚知の基盤としている。ソーシャルワーカーの生育における，親や他者との関係性や大きなトラウマによりパーソナリティのあり方に及ぼした影響を意識化し，洞察することである。このような意識化や洞察によってソーシャルワーク実践へのワーカーのパーソナリティのあり方の影響のネガティブな面を最小限にすることが求められている。専門職業的自己覚知は，支援における社会福祉観，支援観，支援者観，クライエント観，さらに支援への動機づけ等を意識化，洞察することである。スーパービジョンは専門的自己覚知に最適な方法でもある。さらに個人スーパービジョンにおいては個人的自己覚知も一部対応できる。いずれにしろ，スーパービジョン，特に教育的機能は自己覚知と切っても切れない関係にある。

カデューシンは効果的な教育的スーパービジョンのための原理について以下のようにまとめている。教育的スーパービジョンについての原理であるが，これらは管理的スーパービジョンや支持的スーパービジョンとも関連している（Kadushin et al. 2002：175-193）。

原理1は，「学ぶモチベーションを高める」というものである。それは，①内容の有益性を理解させる，②ワーカーの動機づけやニーズに合わせて意味ある学びをさせる，③例えば記録にビデオやテープを用いるなどモチベーションの低い領域を高くするよう工夫する，④モチベーションを保ち，でてきていないモチベーションを刺激するなどである。

原理2は，「集中して学ぶエネルギーを傾けられるようにする」である。拒否や不安，罪悪感，羞恥，失敗を恐れること，さらに根拠のない期待は学ぶエネルギーを減少させる。学習に使えるエネルギーを最大にするために使

えるいくつかのテクニックを使う。そのために、①スーパービジョンの構造を明確に示す。それは、スーパービジョンの場所、時間、役割、限界、スーパーバイジーに求められる期待、オブリゲーション、目的を明確にすることによって示される、②ワーカーの自己決定の権利を尊重する、つまり限界の中で自分自身の選択ができるようにする、③受容の雰囲気を作り出す。つまり心理的安定感、安全の枠組みを作り出し、リスクへの対応ができることを示す、④ワーカーがすでに知っていることやできることを知る。これは不安の減少につながる。⑤よく知っている領域からあまり知らない領域へ考えを移行させる。⑥ワーカーの学ぶ力に信頼を寄せ、それを示す、⑦自分のやるべきことの内容を知る。これは、教えることに準備を怠らず、教える意思を持つ。最低限ワーカーの質問に答えることができ、また、ワーカーが知らないニーズがわかることなどを実行する。

原理3は、「学びが成功し、報酬が得られるとき最善の学びができる」という事である。ワーカーが満足を得られ、苦痛を繰り返すことを避けることでもある。そのために、①ワーカーが成功体験を得られるよう学びの条件を整える、②専門職としての達成において肯定的な満足が得られるようにする、③肯定的なフィードバックにより学びを強化する、④ある一定のあまり長期にならない期間で一定の評価をする機会をもつ、⑤学びを部分化する、⑥単純なものから複雑なものに、明確なものからわかりにくいものにグレードを上げて学ぶ、⑦失敗の準備をさせる、などを行う。

原理4は、「学びのプロセスに活発に関与する」という事である。それは、①スーパーバイジーがスーパービジョンのセッションの計画つくりに参加する、②質問、議論、異議や疑いの表明の機会を与え、積極的に考え理解する、③教えようとする知識を実際に活用し応用する明確な機会を与え、それを行うことで大きな学びを得る、などである。

原理5は、「内容に意味が見出せるようにする」である。それは、①スーパーバイジーが関心や興味をもっている内容を選ぶ、②一般的理論的枠組み

第1部　スーパービジョンの理論

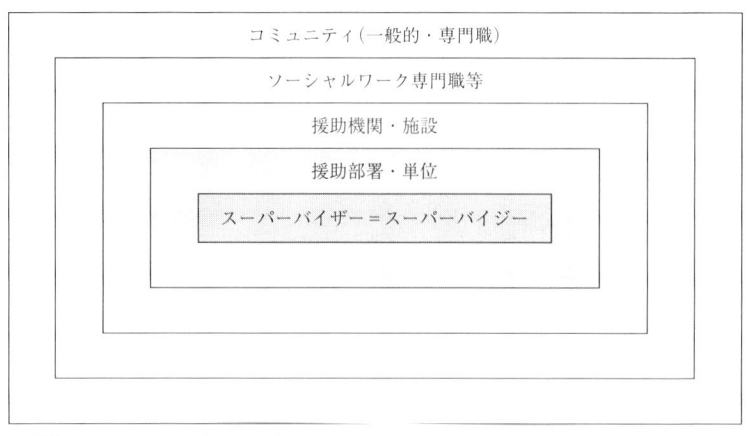

図3-3　スーパービジョンの環境

```
┌─────────────────────────────────────────┐
│          コミュニティ(一般的・専門職)         │
│  ┌───────────────────────────────────┐  │
│  │       ソーシャルワーク専門職等         │  │
│  │  ┌─────────────────────────────┐  │  │
│  │  │        援助機関・施設          │  │  │
│  │  │  ┌───────────────────────┐  │  │  │
│  │  │  │      援助部署・単位       │  │  │  │
│  │  │  │ ┌───────────────────┐ │  │  │  │
│  │  │  │ │スーパーバイザー＝スーパーバイジー│ │  │  │  │
│  │  │  │ └───────────────────┘ │  │  │  │
│  │  │  └───────────────────────┘  │  │  │
│  │  └─────────────────────────────┘  │  │
│  └───────────────────────────────────┘  │
└─────────────────────────────────────────┘
```

出所：Kadushin, et al.（2002：27）．

にあったものを提示する，③教える内容のプライオリティを明確にする，④想像力を豊かに，反復して学習させる，⑤継続的に反復して学習させ，複雑で幅広い学習をするための筋道を明確にする，⑥異なった種類の内容を統合できるよう学習させる，⑦簡単なことから，難しくて複雑なことを学ぶ。前に学んだことを新しい学びに関連づけて学ばせる，⑧学ぶ際に意識化と明確化を行う，などで達成できる。

原理6は，「スーパーバイザーがスーパーバイジーの独自性をよく考える」である。それは，①教育的診断を用いてスーパーバイジーを個別化する，②教育的診断を活用する，③過去に何を学び，これから何を学びたいのかについてのアセスメントにスーパーバイジーが関わる，④新しい学びを古いものと統合，同化する時間をもてるようにするなどである。つまり，機関の要求する水準（知識・技術）にスーパーバイジーが達するようにベストを尽くすために，スーパーバイジーを画一的に見るのではなく，その独自性を理解して対応することが重要なのである。そして，スーパーバイジーを大人の学習者として扱い，最大限の関与をすることが重要である。さらに，長いスパン

で考え，知っていること経験を理解して関わることが求められる。また，今現在や過去のスーパービジョンをスーパーバイジーがどう活用しているのかという事を知ることも重要である。

スーパービジョンに現れる抵抗や服従，無関心，傲慢，卑下，依存，迎合，自己防衛などを敏感に観察し，深く理解することが求められる。スーパーバイジーの人格的困難さや無知と未経験による失敗について洞察をすすめ，敵対感情，歪曲，ふさわしくない感情の反応がある場合には，その源泉にも注意が必要である。妥当な兆候の示すものを探し，それを強化することなどクライエントとの相互作用における問題を中心とした個人の総合的教育的アセスメントが必要である。スーパーバイジーの内的リスク，例えばセルフイメージ，信念や態度のシステムとの関連性，外的リスク，例えば準拠集団との関連性等も重視する。また，学校での学びとは異なり，新しい考えや感情が均衡と安定を得るには時間が必要である。決してスーパーバイジーを急がせてはならないのである。

以上のように，スーパービジョンにはその機能と関連していくつかの原理が存在する。これらの原理はスーパービジョンを行う際に，スーパーバイザーがいつも心にとめておかねばならないものであり，スーパービジョンの指針となるものである。

4　スーパービジョンの環境とスーパーバイザーの位置づけ

スーパービジョンは社会福祉機関や施設において行う。スーパービジョンはその行われる機関や施設のあり方によって大変影響を受ける。つまりスーパービジョンにも環境があり，それによって規定されていることを忘れてはならない。前出のカデューシンはスーパービジョンの環境を図3-3のように示している（Kadushin, et al. 2002：27）。

この中で最も外側にあるのがコミュニティ（一般的・専門職）である。これ

は一般的な（地域）社会という意味と，専門職コミュニティという意味合いがある。いわば社会や地域社会のあり方がソーシャルワークの機関や施設，ひいてはスーパービジョンのあり方を規定しているのである。わが国の現状をみてみると，少子高齢化の進展や昨今の政治・社会的変化にともなう介護保険の導入と改定，社会福祉基礎構造改革の進展や障害者自立支援法（現：障害者総支援法）の成立等々，制度政策の種々の変化が一般的な社会としての環境の変化ということができるだろう。また，社会福祉専門職制度のあり方の変化，関連他領域の種々の専門職のあり方の変化，それらの連携のあり方の変化等が専門職コミュニティのあり方の変化として認められる。これらの変化がスーパービジョンの環境として大きな影響を与えるのである。

　その内側にあるのがソーシャルワーク専門職等である。スーパービジョンは，当然のことながらソーシャルワーク専門職等の専門職性を内面化し，またそれにアイデンティティをおいている，ソーシャルワーカーによって行われる。ソーシャルワーカーはソーシャルワークの価値，知識，技術を身に付け，多くの場合「資格」を有している。この専門職のあり方がスーパービジョンの環境として挙げられる。これについては後の章でふれていく。

　そして援助機関・施設がその内側にある環境である。その機関・施設の使命やシステム，組織のあり方，文化などがスーパービジョンのあり方に強い影響を与えることはいうまでもない。さらに，機関・施設の中の援助部署・単位（ユニット）がその内側にある環境である。そこでの業務の内容や組織のあり方，機関での位置づけ，また同僚組織がスーパービジョンに大きな影響を与える。

　最も内側にある環境，つまりスーパービジョンのあり方に直接大きな影響を与える環境は，スーパービジョンをする二者（スーパーバイザーとスーパーバイジー）およびスーパービジョングループである。これらは相互作用的な関係を持つ。この二者やグループは前述のすべての環境に大きな影響を受けている。またスーパーバイザー，スーパーバイジーの特性がこの要因を規定

している。このように，スーパービジョンをめぐって，重層的な環境が存在することをわれわれは理解しておかねばならない。

　スーパーバイザーは，社会福祉機関や施設の組織において特有の位置にある。スーパーバイザーは，直接的サービスを提供しているワーカーに対してスーパービジョンを行うが，それとともに管理責任者に対しては機関における中級管理職の役割を果たす。そのために，スーパーバイザーは，ワーカーと機関管理者との仲介的機能を果たすこととなる。カデューシンはオースティン（Austin 1981）の「スーパーバイザーは片方の足は現場に，もう一方の足はマネジメントに置いていて，どちらにもはっきりとは属していない」という言及等をひき，スーパーバイザーの位置について「マネジメントと現場集団の両方に属していて，両方の架け橋として働く」と述べている（Kadushin, et al. 2002：30）。

　さらにカデューシンは，機関・施設の管理職の責務を計画策定，方針の策定，資金集め，地域社会との関係に責任を持つこと等とし，「より広い視点を持ち，コミュニティや行政，監督機関，クライエント集団などが抱く機関のイメージ向上に努める」「他の組織との関係において，統一的な行動をとるための折衝や機関間のアカウンタビリティの手続きの調整など仲介役を務める」「組織の安定や生き残り，資金提供者の獲得などに努める」などの「外向け」の活動がその大きな役割であるとしている。それに対して，中間管理職であるスーパーバイザーの責務は「内向き」の活動で，「プログラムのマネジメント」および「プログラムの実施」に関して，「仕事の環境や仕事の内容に集中する」ことに焦点が当てられる。また，「管理者は機関の方針や計画の策定の領域をコントロールし，スーパーバイザーはマネジメントの領域をコントロールし，ワーカーはサービスの領域をコントロールする」というカデューシンの言葉は機関や施設というヒエラルキー（職位による階層構造）をもつ組織においてその役割の範囲を明確に示すものである。ここに，スーパーバイザーの中間的，また媒介的位置づけが確認できる。

第4章 ソーシャルワーカーのコンピテンシー

　本章は，スーパービジョンが働きかけるもの，すなわち社会福祉従事者，ソーシャルワーカーの能力を示すコンピテンシーについて，さらにコンピテンシーとスーパービジョンの関係について述べていきたい。コンピテンシーとは，職務環境や職務上の要請に対応する行動を遂行する個人の特性としての能力，および職務に求められる結果をもたらす能力であると考えられる。また，職務や役割における求められる行動に結びつく個人の能力や特性であるという事もできる。つまり，仕事上の責務を遂行する能力と考えられる。

1　社会福祉従事者のコンピテンシー

(1) 望ましい社会福祉従事者とは

　社会福祉従事者とは広義に捉えると，社会福祉事業に従事するすべての人々である。また，狭義に捉えると，ソーシャルワーカー（相談員，指導員等），ケアワーカー（介護職員，保育士等）の社会福祉の専門職員，つまり直接援助・支援職員である。

　近年，社会福祉と保健・医療等の他領域の境界が希薄になり，さまざまな基盤や志向性をもった専門職が社会福祉の領域で活動するようになった。また，社会福祉施設や機関の管理運営者，事務職や調理職等，直接利用者には関わらないが社会福祉事業を運営していくためには不可欠な人材もいる。このようなすべての人々は社会福祉サービスを利用する人々の生命や人権をまもり，生活をまもり，そのニーズに応えていく責務を負っている。

では，望ましい社会福祉従事者とは何かを考えていきたい。その主要な要件として，①社会福祉従事者として共通に必要な資質，能力を身に付けていること，すなわち利用者主体の考え方や利用者に対応するに必要な対人能力などを身に付けていること，②社会福祉事業所や現場において必要とされるそれぞれの職種の資質，能力を身に付けていること，すなわちそれぞれの職務を果たすために必要な職種に応じた高い資質や能力の保持，③変化する社会福祉の状況に対応できる新しい知識や技術等を適確に理解し職務に反映させる能力を身に付けていること等が挙げられる。

望ましい社会福祉従事者を確保するためには，どのような方法が有効であろうか。まず，社会福祉援助・支援の提供がその業務の中心となっている社会福祉の専門職は社会福祉従事者の中核である。この中核の部分の確保は現在の社会福祉の状況を鑑みれば不十分といわざるを得ない。このような人材を確保することが差し迫った課題であり，そのための方策の整備が急務であることはいうまでもない。

社会福祉専門職人材の確保のためには，質の高い社会福祉従事者の養成と現任者の質の向上と確保が必要である。この中で質の高い社会福祉従事者の養成は，大学等の養成施設に託されている。社会福祉事業所や施設が担うべき役割は現任者の質の向上と確保が中心となるだろう。

さらに，社会福祉従事者を職種として規定するのではなく，社会福祉に従事する人々の資質や能力，技術等の部分としてとらえる発想が必要となってくる。例えば，医療・保健分野の専門職であっても社会福祉分野で活動するには，社会福祉従事者が共通してもたなければならない価値，倫理，知識，対人関係の能力など（社会福祉従事者が共通してもつべき基盤的能力）が必要となる。このような資質や能力の確保は社会福祉事業にとって不可欠であるといえよう。

以上のことから，ここでの社会福祉従事者の確保には2つの焦点があるといえるだろう。それは，①社会福祉事業従事者が共通してもたなければなら

第1部　スーパービジョンの理論

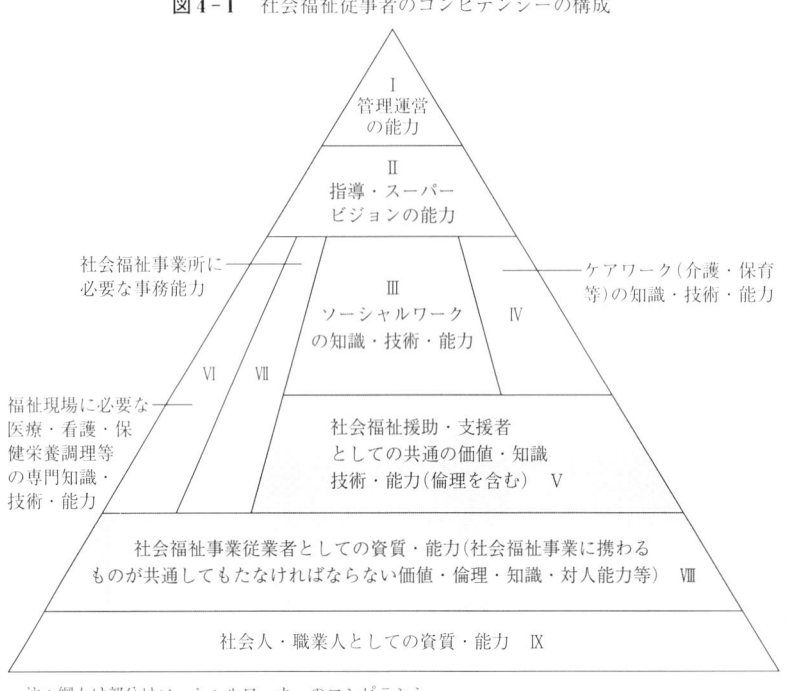

図4-1　社会福祉従事者のコンピテンシーの構成

```
                    Ⅰ
                 管理運営
                  の能力
                   Ⅱ
                指導・スーパー
                 ビジョンの能力
社会福祉事業所に                           ケアワーク（介護・保育
必要な事務能力                             等）の知識・技術・能力
                   Ⅲ
               ソーシャルワーク
                の知識・技術・能力    Ⅳ
            Ⅵ  Ⅶ
福祉現場に必要な
医療・看護・保         社会福祉援助・支援者
健栄養調理等         としての共通の価値・知識
の専門知識・         技術・能力（倫理を含む）  Ⅴ
技術・能力
        社会福祉事業従事者としての資質・能力（社会福祉事業に携わる
        ものが共通してもたなければならない価値・倫理・知識・対人能力等）  Ⅷ

             社会人・職業人としての資質・能力    Ⅸ
```

注：網かけ部分はソーシャルワーカーのコンピテンシー
出所：筆者作成。

ない価値，倫理，知識，対人関係能力（基盤的能力）などの資質の涵養，②現任者を中心とする質の高い社会福祉専門職人材の確保である。

　図4-1は社会福祉従事者のコンピテンシーの構成を図示したものである。以上の観点から考えると，行政や社会福祉従事者センター等が担うべき総合的社会福祉従事者の確保にとって焦点となる領域は，図4-1における「Ⅱ　指導・スーパービジョンの能力」「Ⅲ　ソーシャルワークの知識・技術・能力」「Ⅴ　社会福祉援助・支援者としての共通の価値・知識・能力（倫理を含む）」「Ⅷ　社会福祉事業従事者としての資質・能力（社会福祉事業に携わるものが共通してもたなければならない価値・倫理・知識・対人能力等）」であると考えられる。また，「Ⅰ　管理運営の能力」もこれに加える必要があるかもし

れない。

（2）社会福祉従事者のコンピテンシーの領域

　福祉専門職のコンピテンシーの確保は次のいくつかの領域において行われる必要がある。それぞれの方法は，現任者のより高度な技術等の訓練，リカレント教育，スーパービジョンなどである。以下，その領域ごとに述べていきたい。

1）ソーシャルワークの知識・技術・能力

　社会福祉専門職の中核となるソーシャルワークの質的確保は，特に重要である。

　社会福祉専門職は1987年に社会福祉士の国家資格ができて以来「社会福祉士」資格をもつ者が年々増加している。資格創設以四半世紀を越えて，社会福祉士の資格は福祉現場で働くソーシャルワーカーの基盤として機能している。それゆえソーシャルワークの知識・技術・能力の向上を目指す訓練，スーパービジョン等は，まず社会福祉士資格をもつ者およびそれに準ずる者を中心として考えることが必要であろう。

　社会福祉士資格はあくまで社会福祉全般を体系的に広く習得した者に与えられる資格である。養成は主に大学が中心で，福祉現場でのそれぞれの状況に必要な技術や知識は資格取得以前には学習する機会があまりなく，それらは仕事についてから習得する必要があろう。また，資格取得以前には180時間以上の実習しか課されず，実際のソーシャルワークを履修する機会は少なく，資格取得者の実践能力の弱さが指摘されてきた。

　このような点からも，社会福祉士取得者等については，福祉現場における実践能力，応用能力の向上を目指す取り組みが必要であろう。実際に資格取得者が，「スーパービジョンの内容は学生時代に講義で聞いたことと重なるが，現場に出てから聞くと，その意味がよくわかる。自分の実践で応用する方法が頭に描ける」という声を聞く。基礎的な知識や技法でも，自らの実践

に結びつけて習得できることが，OJT（現任者訓練）やスーパービジョンの強みである。このような取り組みから実践・応用能力の向上はもたらされると考えられる。また，福祉実践に長年携わった経験をもつ専門職者が，自らの経験だけにとらわれるいわゆる経験主義に陥ることはよく指摘されることである。このような経験主義を排し，社会福祉の理論と自らの実践を包括的に結びつけ，客観的に判断する能力を身につけることが必要と考えられる。

　さらに，社会福祉士の資格取得した者がソーシャルワークのスキルに習熟していないことは大きな問題といわざるを得ない。このようなスキル（技術・技法）の弱さを克服すべく，実践的スキルに関する訓練が必要なことは言うまでもない。スキルの訓練は知識の習得と異なり一度のスーパービジョンで完結するものではない。また，現実離れしたスキルの学習ではなく，社会福祉現場において必要な，個人援助，家族援助，小集団援助（施設援助・支援においては特に重要である），地域援助等についてのスキルを習得することが必要である。そのためには体系的，段階的，継続的な訓練・スーパービジョンが提供されるべきであろう。また，今までも行われていた経験年数別スーパービジョンも，以上に述べたことと関連づけた体系的な計画のもとで，「どの段階で何を習得すべきであるか」を明確にした上で継続することが求められる。

　社会福祉士資格をもたず，社会福祉について学習した経験があまりないソーシャルワーク担当の職員については，社会福祉の基礎を包括的に学べる，ある程度継続的なスーパービジョンを提供すべきであろう。このような職員については，こういったスーパービジョンをなかば義務とすべきだと考えられる。それに引き続き前述のような専門職向けの訓練・スーパービジョンに参加すべきである。

２）社会福祉直接援助・支援職員共通の価値，知識，技術，能力

　ソーシャルワーカーもケアワーカーも社会福祉の領域において利用者に直接援助・支援を提供する職員が共通してもつべき，価値・倫理，対人援助・

支援の基礎的なスキル,制度政策や社会福祉の動向や仕組みについての大まかな知識などは常に把握されるべきものである。特にケアワーカーは利用者別のケアの専門技術等については学ぶ機会もあるが,これらの共通してもつべき知識,技術等についてはスーパービジョンの機会もあまりないと思われる。それゆえ,社会福祉の直接援助職員の共通認識,共通基盤を形成するためにもこの種のスーパービジョンは重要だと考えられる。

3) 指導・スーパービジョンの能力

職場外でスーパービジョン・訓練を行うのと同時に,社会福祉施設・機関の内部で人材の養成や訓練を行うことが望ましいのは周知のことである。これらは同じ職場内の職員による指導や,スーパービジョンやOJTの機能を強化する目的で行われるものである。このような能力の開発や向上は中堅以上の経験年数を有する職員を対象に行われる。指導者,トレーナー,スーパーバイザー,職場内スーパービジョンのリーダーを養成することがこのスーパービジョンの主眼となる。また,学生等の実習指導者としての能力を向上させるのにも役立つものであろう。内容としては職場内スーパービジョンプログラムの構成やスーパービジョンやトレーニングのスキルの習得に焦点が当てられよう。

4) 社会福祉事業従事者としての資質・能力

すべての社会福祉事業に従事する者は社会福祉がもつ価値,倫理等を内面化し,常に利用者の利益を優先し,その生命,生活,人権を守ることを第一に考えねばならない。事務職や医療職,栄養調理職等の他分野の従事者も福祉の現場で必要とされる価値,倫理,最低限の福祉に関する新しい知識を身につける必要がある。そのために必要な知識を習得する(させる)ことは専門職者のみならず,すべての従事者の義務でもあり,事業所・雇用者の義務である。この点をおろそかにすると,社会福祉の理念に基づいた援助・支援が提供されず,またルール違反や不祥事等の逸脱状況も生まれかねない。また,福祉の仕事に従事する以上,利用者等との対面関係は避け得ないもの

である。どんな職種であれ，利用者等との良好な対人関係をもつ能力は必要とされる。このような対人関係の能力の向上もまたこの領域における一つの焦点となる。ここでも職種ごとに一定スーパービジョンが必要であると考えられる。

5）管理運営の能力の向上

以上の領域のほかにも，図4-1のⅠの領域，管理運営の能力の向上を目指したスーパービジョン等も考えうる。その中には，経営の能力の向上も含まれるだろう。これは単なる財政上の経営や労働管理についてではなく，いかに社会福祉従事者が働きやすく，また利用者の利益につながる運営をするか，ということを焦点にする必要がある。事業所組織のあり方などについての知識の習得も必要だと考えられる。また，図4-1 Ⅵ，Ⅶの領域における能力についても福祉事業所に特有なものについてはその向上を目指すスーパービジョンがもたれる必要があるだろう。Ⅸの社会人・職業人としての資質・能力については殊更にスーパービジョン等がもたれる必要はないと考えられる。しかしながら，他の取り組みの中で，適性のある人材を福祉現場に適確に結びつけるシステムの確立が待たれるところである。

以上，社会福祉従事者のコンピテンシーの確保について述べてきたが，ここでも，ソーシャルワーカーはもちろん各職種の支援の質や業務の質の確保においてスーパービジョンが大きな働きをすることが確認できた。ここでスーパービジョンに関連していくつかの重要と思われる点を確認したい。それは，①スーパービジョンについては体系的なプログラムの組み立てが必要なこと，②スーパービジョンについてはその目的が明確にされること（スーパービジョン体系全体の目的と個別のスーパービジョン等の目的が体系的に結びつき，またそれが明示されること），③スーパービジョン体系全体および個別のスーパービジョン等の達成目標あるいは達成水準が明確にされること（経験年数に応じて段階別の達成水準，つまり「何年で何を身につけるか」などを設ける等），

④スーパービジョンが実践と直接結びついていること（現実離れした理論や技術を提供するだけでは意味がなく，理論や技術を日々の実践と結びつけた方法で提示できるようなスーパービジョンが必要である），⑤スーパービジョンを通じて，社会福祉事業におけるアカウンタビリティの重要性を提示し，アカウンタビリティが確保できるよう取り組むこと，などである。

2 ソーシャルワーカーの専門的コンピテンシー

（1）ソーシャルワークの知識・価値・技術

　社会福祉実践における専門職性の中心となるものは，具体的にはソーシャルワークにおける知識，価値，技術である。これらはすべて社会福祉実践において用いられるものである。専門職としての社会福祉従事者，ソーシャルワーカーはこれらを内面化し，それを駆使し社会福祉実践を行う。社会福祉の専門職性はこの3つの要素がその源泉となっているといえるだろう。

　社会福祉実践における知識（knowledge）は他の学問領域からも借用されることも多い。それは人や社会的状況のあり方を説明したり，ニーズに対応するための方法を導き出すために用いられる。知識は社会福祉実践のあらゆる局面において第一義的に重要な要素である。また，一般的に言われている「知識」とは別に，「臨床の知」といった専門職としての経験や資質と大きく関連するものも含まれる。

　社会福祉実践における価値（value）には一般的な文化的価値や社会的価値とともに，専門職独自のもつ価値がある。ソーシャルワークの価値には人々についての望ましい概念，人々にとっての望ましい成果，人々を扱うための望ましい方法などがある。これらの専門職としての実践での価値を集約したものとして「ソーシャルワーカーの倫理綱領」（第1章参照）がある。

　また，社会福祉実践における技術（skill）は専門職として不可欠なものである。それは知識と価値を結合させて，実践という行為へと導くものである。

さらに技術は実践を通して時間をかけて獲得されるものである。社会福祉従事者，ソーシャルワーカーは実践で活用できる技術のレパートリーをもっていなければならない。

ジョンソンはソーシャルワーカーのもつべき能力として，これらの知識・価値・技術の創造的混合（Creative Blending）が専門職業的なソーシャルワークの本質の発揮に必要であると述べている（ジョンソン・ヤンカ 2004：78）。このような，価値，知識，技術のソーシャルワークの構成要素はばらばらに存在したり活用されるのではなく，渾然一体となって，ソーシャルワーカーの能力，資質として存在し，支援の中で創造的に活用されるべきものなのである。

そこで重要になるのは，知識，価値，技術がバラバラにあるだけではその専門性が発揮できないという事である。それらが，実践に即して創造的に混合して初めて専門性を形成するのである。知識，価値，技術は「素材」であり，それを現実に合わせて「料理」することが必要となるのである。実践においては，援助・支援の状況は千差万別である。それぞれの援助・支援状況に応じた「料理」をする能力は実践においてしか獲得できないと考えられる。その能力を培う最も効果的な方法の一つがスーパービジョンである。それぞれの援助・支援状況に応じてその「料理」の素材を活用し創造的に合わせて活用していくことにこそ，その能力の醸成が達成できるのである。

（2）ソーシャルワーカーとしての使命と価値

ソーシャルワーカーは，他の専門職と同様，社会的な「使命」（ミッション）を帯びた専門職である。その使命ゆえにソーシャルワーカーはその実践において常に社会福祉，ソーシャルワークの「価値」を体現することを目指さなければならない。ソーシャルワーカーの専門性の源泉の一つは「価値」にあると言うべきであろう。

ソーシャルワークの使命とは表4-1にあるように，「傷つきやすかったり，

第4章　ソーシャルワーカーのコンピテンシー

表4-1　ソーシャルワークの使命

> 　ソーシャルワークの第一義的使命は，傷つきやすかったり，抑圧されていたり，貧困の中で生活する人々のニーズとエンパワメントに特別な関心を寄せ，人間の幸福を強化し，人間の基本的要求の充足を援助することにある。ソーシャルワークの歴史上，定義上の特色は，この専門職の焦点が社会的文脈における個人の幸福や社会の幸福に当てられていることにある。ソーシャルワークの根幹となるのは，生活上の問題を生起させたり，その原因となったり，それに取り組んだりする<u>環境上の力への関心</u>である。
> （中略）
> 　ソーシャルワークの専門職の使命は一連の核となる諸価値にその根源がある。専門職の歴史を通して信奉されてきた，これらの核となる価値はソーシャルワーク独自の目的と視座の基盤となっている。核となる価値とそれから導かれる倫理的原則は人間の経験の文脈や複雑性の中で均衡を保たれなければならない。

出所：NASW Code of Ethics, Preamble (Approved by the 1996 NASW Delegate Assembly and revise by the 2008 NASW Delegate Assembly).

表4-2　ソーシャルワークの価値と専門職の倫理的原則

ソーシャルワークの価値	ソーシャルワーク専門職の倫理的原則
サービス	ソーシャルワーカーの第一の目標はニーズを持つ人を援助し，社会問題に取り組むことである。
社会的正義	ソーシャルワーカーは人権侵害などの社会的不正義に挑戦する。
人間の尊厳と価値（worth）	ソーシャルワーカーは人間生来の尊厳と価値を尊重する。
対人関係の重要性	ソーシャルワーカーは対人関係の主要な重要性を認識する。
誠実性	ソーシャルワーカーは信頼にたるやり方で行動する。
コンピテンス	ソーシャルワーカーはそのコンピテンスの範囲で実践しその専門職としての専門性を発達させ強化する

出所：ジョンソン・ヤンカ（2004：65）より抜粋。

抑圧されていたり，貧困の中で生活する人々のニーズとエンパワメントに特別な関心を寄せ，人間の幸福を強化し，人間の基本的要求の充足を援助すること」である。このことは実践においてソーシャルワーカーの考え方の基盤とならなければならない。

　また，ソーシャルワーカーは社会福祉実践において核となる価値を常に実践に照らして意識する必要があり，その価値や倫理的原則に沿って実践を行っているか，またそれらから外れた実践を行っていないかを常に吟味する必

第1部　スーパービジョンの理論

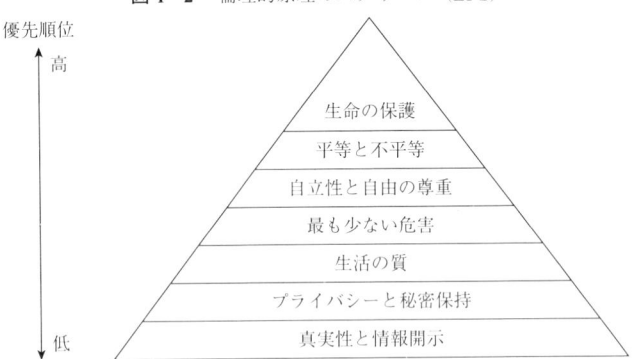

図4-2　倫理的原理のスクリーン（EPS）

優先順位
高 ↑
↓ 低

- 生命の保護
- 平等と不平等
- 自立性と自由の尊重
- 最も少ない危害
- 生活の質
- プライバシーと秘密保持
- 真実性と情報開示

注：第1原理が最も優先順位が高く，下に行くほど優先順位が低くなるというもので，倫理的ジレンマがどうしても克服できない場合に，支援者に「どう考えたらよいか」について一つの指針を与えるものである。しかし，これはその優先順位だけが重要なのではなく，ここにある原理すべてが重要であり，支援者が依拠する価値・倫理であることを示しているという点でも大変重要である。
出所：Loewenberg & Dolgoff & Harrington（2005：66），一部改変。

要がある。社会福祉，ソーシャルワークの価値や倫理が貫徹された支援こそ専門的な支援なのである。表4-2に倫理的原則を示す。

　良心的で職務に忠実であろうとする支援者ほど社会福祉やソーシャルワークの価値や倫理と現実との間に起こるジレンマに悩む傾向がある。例えば，虐待的対応の中で育った子どものコミュニケーションのパターンは他者に暴力的であったり，不適切な場合があり，それによって他者の権利侵害をもたらす場合もある。そのような場合には，一方的に子どもを非難し，治そうとすることでは専門的支援にはならない。その行動の背景にある意味を理解，寄り添い，生活を守りその成長を促進するための支援をデザインすることが不可欠である。そこには子どもの権利を守り，生活を守り，成長する権利を行使できるよう支援する発想が必要となる。

　また，母子家庭の母親において，就労することで，家事，子育ての負担過重となりストレスを抱え，虐待的な対応が見られるような場合，母親と子どもにとって，何を優先すべきかを考え，環境のストレングス等を強める支援

等をすることが求められる。そこにあるジレンマに対応するためには，確固とした社会福祉，ソーシャルワークの価値の基盤が存在することが必要である。ソーシャルワーカーはそれらの価値，倫理に基づく判断をしていかなければならない。なかなか判断が難しい場合には，倫理的原理のスクリーン（EPS）（図4-2）等を参考にして優先順位を決定する必要がある場合もある。

　これらの判断はその援助・支援状況によって異なる。それぞれの状況に対応する判断をする能力を獲得し，向上するためにはスーパービジョンは最良の方法である。スーパービジョンを活用して，判断を繰り返し，自身の中にケースやそれについての判断を蓄積し，多くの「引き出し」を得て，社会福祉，ソーシャルワークの価値を貫徹した支援を展開できるソーシャルワーカーであり続ける必要がある。

（3）ソーシャルワーカーとしての知識と技術

　ソーシャルワークの専門性に関して価値以外の核となるものは，「知識」と「技術」である。

　ソーシャルワークの知識は，ソーシャルワーク実践を展開する際に必要な知識の基盤となるものであり，主に科学的知識（社会福祉に関する専門知識と他の学問領域に関するもの）である。それには，単に知識のみならず，ものごとの合理的，科学的な思考を含む。この合理的，科学的な思考は，科学的知識の蓄積によってもたらされるものであると考えられる。大学では，一般教養科目と専門科目を学ぶが，これは専門科目では専門職に必要な専門知識を，一般教養科目では，社会人として必要な合理的，科学的思考を身に付けることを目的としている。これが合わさって，専門職の知識基盤を形成していると考えられる。ソーシャルワークの専門性における知識は大学や教育機関だけで身につけるものではなく，専門職に就いてから身に付けるものが多い。それらはさまざまなOJTやスーパービジョン，研修，自己研鑽等で習得するものである。それは，実践領域ごとに必要な知識，制度やサービスの仕組

みに関する実践するにあたって必要になる知識を含んでいる。さらに，「実践の知」「臨床の知」といわれるような「知」もある。これは，「知識」というより実践におけるさまざまな「知恵」と考えればわかりやすい。ソーシャルワーカーが実践の中で身に付けてきた，実践に関する経験知である。これらの知識の「混合」体を習得，向上させていく場合にはスーパービジョンが大きな役割を果たすのである。

　ソーシャルワークの技術は，広い意味での技術（skill）であり，技法（technique）とは区別されると考えられる。ソーシャルワークの技術には大きく分けて，「認知的技術」と「相互作用技術」がある。

　認知的技術とはアセスメント・プランニング・評価・モニタリング等で用いる，いわば「状況をとらえる」あるいは支援を「判断する」技術である。援助・支援の根本である「ニーズ」を捉える場合に重要な技術である。かつてのソーシャルワークでは，あまり技術として取り上げられてこなかったものである。しかし，現在のソーシャルワークにおいては大変重要なものであるという認識が広がっている。「判断する」という事は大変難しいことである。初心者のソーシャルワーカーの中には，このような「判断」が大変苦手な人が多い。しかし，この判断をしていかねばソーシャルワークは始まらない。この認知的技術を本当の意味で習得する機会は実践しかない。それを効果的に行う仕掛けがスーパービジョンであると考えられる。その「判断」の蓄積をスーパービジョンを活用して，多くの「引き出し」を自身の中に作る作業をスーパーバイザーが支えると考えられるのである。

　相互作用技術は，援助関係をつくり，支援を提供する技術と考えられる。コミュニケーション技術ともいわれるものである。この技術はかつてのソーシャルワークにおいても，広く技術として認識されていたものである。面接技術，グループでの支援技術等である。このような技術は実践で培われるものである。しかし，多くの相互作用技術は対クライエントに用いるものであり，一人で展開することが多い。このような認知的技術もスーパービジョン

で，ロールプレイやシミュレーションなどを用いて，より効果的なあり方を追求することができる。また実践に用いてフィードバックを行い，より大きな学びを得ることが可能である。スーパービジョンは実践における数少ない相互作用技術を振り返る機会でもある。

　以上のように，社会福祉従事者，ソーシャルワーカーの養成やコンピテンシーの向上，確保にとってスーパービジョンは大変効果的な仕掛けである。さらにこれからの事業所や施設においては，自己流の援助・支援を排し，事業所，施設全体の向上を実現するためには無くてはならないものであると考えられる。

第 2 部　スーパービジョンの実践に向けて

　第 2 部では，実際にわが国の社会福祉機関・施設でスーパービジョンを展開していく方法について考えてみたい。ソーシャルワークのスーパービジョンは，北米やヨーロッパを中心に発達し，ケースワーク等の相談援助のモデルを基盤として展開されてきた経緯がある。それゆえ，どうしても 1 対 1 の援助における，教育的機能を中心としたスーパービジョンがイメージされる傾向がある。もちろんそのようなスーパービジョンが必要不可欠であることはいうまでもないが，現在の社会福祉現場の多くが集団援助・支援中心で，また支援内容も個別の相談援助やグループワーク，地域援助活動，またケアワークや直接的生活支援が混在している状況であることを考えて，本書では相談援助や個別援助に限らず，社会福祉施設・機関における援助支援全般に関してのスーパービジョンの実践について考えてみたい。そこで第 2 部では，①職場にスーパービジョンを導入する，②スーパーバイザーになる，③スーパービジョンを展開する，という課題を設定し，具体的に福祉現場でスーパービジョンを確立する方策について探っていきたいと考える。

第5章　職場にスーパービジョンを導入する

　第1部で述べたように，スーパービジョンは社会福祉の援助・支援にとって必要不可欠なものである。また，社会福祉機関・施設，社会福祉に従事する者の社会的責務の側面から見ても，今後ますますその重要性が増大することは明らかである。しかしながら，どんなにその重要性が認識されようとも，それが具体的に展開されなければ意味がない。欧米のソーシャルワークにおいて発達してきたスーパービジョンをわが国のいわばソーシャルワーク，ケアワーク「混在型」の社会福祉機関・施設での援助支援で展開するのには相当な工夫が必要である。ここでは，わが国の社会福祉機関・施設にスーパービジョンを導入する方法について検討していきたい。

1　スーパービジョンの認知

　職場にスーパービジョンを導入するためには，運営管理者，ワーカー等それぞれの職場を構成する人々のすべてが，スーパービジョンの重要性を認識し，さらに職場でスーパービジョンが実施されるのが当たり前であるということを認知することが必要である。さらに，スーパービジョンが社会福祉従事者の個人的な勉強や研修ではなく，業務の一環として位置づけられることが不可欠である。欧米のソーシャルワーカーの中には「スーパービジョンの保障」を就職の条件にする人も少なくない。社会福祉機関・施設においては，直接，間接に利用者の支援，援助に関わる職員すべてにスーパービジョンの機会が与えられなければならない。

しかし実際に社会福祉施設・機関の実状をみると，業務が非常に多く，人手不足で忙しく，スーパービジョンを展開する余地が少ないのではないかと思われることもある。しかもスーパービジョンの導入についてどうすればよいかというビジョンさえ思い浮かばないことも多い。このようなことからスーパービジョンの導入は現実には無理であるとか，時期尚早と判断されることも多い。実際，管理運営者や管理職の研修等でスーパービジョンの必要性は理解しているものの「必要だとはわかるのだが，現実的には無理だ」という反応が返ってくることが多い。

　しかし今，社会福祉現場では，人材不足でせっかくの施設や事業所が稼働しない，さらに多くの離職者が続出する，バーンアウトで長期休暇をとる職員がいる，専門性の蓄積がなくいつまでも支援の質の向上が望めない，不適切な支援が原因で事故や利用者への加害が起こるなどの問題が多かれ少なかれ起きている。つまり人材の養成，バーンアウトの予防，さらに効率的で働きやすい職場づくり，離職率の抑制等の多くの課題がある。このような課題に対処するにはスーパービジョンが非常に有効である。そのためにも，最初は不十分であってもスーパービジョンを導入することが求められる。

　そのためにも，社会福祉の職場にスーパービジョンを実際に導入することが急務である。繰り返し述べるが，スーパービジョンはその職場における間接的支援活動であるので，その職場のスタッフがスーパーバイザーとなり，スーパーバイジーを支援する必要がある。外部からのアドバイザーを呼んできただけでは，スーパービジョンとはなり得ない。そこで，職場のすべての人がスーパービジョンについて理解し，それを受けること，あるいは職員を支援することを納得して展開する必要がある。そのためにさまざまな工夫をすることが望まれる。スーパービジョンの導入の工夫は例えば以下のようなものである。

　まず，導入の第1段階は「職場の全員がスーパービジョンについて理解し，その必要性を認識すること」である。そのためには，職場の中でスーパービ

ジョンの勉強会を開いたり，模擬グループ・スーパービジョンのデモンストレーションを行うことなどが効果的であろう。この際，管理運営者の役割が重要である。運営管理者はスーパービジョンの意義をよく理解し，スーパービジョンを組織の中で明確に位置づけ，地に足が着いた形で導入を図る決意をもつ必要がある。

　勉強会は，スーパーバイザーの役割を期待されている職階にある人，または運営管理者などがキーパーソンとして展開することが一般的であろう。そこで重要なことは，組織成員のすべてに，その必要性とスーパービジョンの基本的特性を理解してもらうことである。

　この際に「スーパービジョン導入チーム」を形成することが今後の展開から考えても，効率がよいかもしれない。導入チームのメンバーがそれぞれ役割を分担して講師をつとめることもできる。スーパービジョンを勉強し，理解した人がリーダーとなってスーパービジョンの認知をすすめていくことで，スーパービジョン展開の体制づくりの基礎ができるであろう。

2　職場の組織のアセスメント

　スーパービジョンを職場に導入するためには，まずその職場がどのような状況にあるかを明確にすることが必要である。それを明確にするために，職場のアセスメントを行うことが有効である。職場のアセスメントは導入チームが，話し合いながら役割分担をし，できるだけ客観的に評価したり，職場のさまざまな立場の人から聞き取りを行ったりして実施する。アセスメントの項目としては，以下のようなものが挙げられる。

　① 職場の構造（職種，職階，組織等）を明確化する。
　② 職場における問題点，職員のニーズを明らかにする。
　③ 各セクションにおける時間の使い方を明確にする。

④　各セクションにおける，カンファレンスや新人教育の方法について明確にする。
⑤　各セクションにおけるスーパービジョンへのニーズを明らかにする。

　まず，職場の構造の明確化については，既存の組織図や職階図を確認し，また指揮命令系統を確認する。また，実際の業務がどのような形で運営されているかについて確認し，形式上の組織図や職階図，また概念上の指揮命令系統と現実とのズレがある場合にはそれを確認する。
　さらに職場における問題点やニーズの聞き取りや，アンケートを用いて調べ，またそれを整理する。その際，問題点やニーズの整理をする。このことで問題点やニーズについて，チーム内で共通認識をもつことが可能となるのである。
　各セクションの時間の使い方を具体的に明確にすることは非常に重要である。他職種や他セクションの業務や時間の流れは案外把握できていないことが多く，これをチームで明確に把握しておくことがスーパービジョンを現実のものとして導入するために不可欠である。スーパービジョンにはある程度の時間とそれにまつわるコストが必要である。それらをどう確保するかを考える際には時間の使い方の把握が大切である。
　また，カンファレンスや新人教育は，スーパービジョンが最も導入しやすい場面でもある。どのようなカンファレンスが行われ，どのような効果が得られているかをここで評価し，カンファレンスの時間の合理化が可能であれば，それを進めることが求められる。当初，スーパービジョンの時間を確保するのはカンファレンスに用いていた時間を一部用いることが現実的であり，導入しやすい。
　新人教育はそれぞれの部署に任され，新人教育の担当者やその部署の責任で，業務の片手間で行われていることが多い。新人教育においては，職員によってやり方や教え方が違い，どの職員の言うことを聞いたらよいかわから

ないこと，また，教育が系統的でなく，抽象的な知識や具体的なノウハウ等が混在する中で「見て覚える」「経験で覚える」部分が非常に多いこと，教える側からみても系統的に相互的なコミュニケーションを用いて教えようと思っても時間がなく，一方的な伝達で終わってしまうことなどの多くの問題点があり，大きな混乱が生じていることも多い。このような新人教育こそ，スーパービジョンの技術が最も導入しやすい場面の一つである。

　最後に，職員の中に「スーパービジョン」という言葉と概念が定着したところで，自分たちの職場や業務において「スーパービジョンをどう活用したいか？」あるいは「どんなスーパービジョンが受けたいか？」といった事に関して聞き取りやアンケートを用いて職員の意見を聞き，それを整理することも忘れてはならない。

3　組織的な取り組みとしてのスーパービジョンの必要性

　スーパービジョンは決して個人的に行うものではない。以前には，スーパービジョンはワーカーの自己研鑽の一環であり，個人的な努力であるという誤解もあったが，それは正さなければならない。スーパービジョンは，ソーシャルワークをはじめとした社会福祉サービスを提供する組織の，組織としての取り組みであり，また，組織で働くワーカーの業務の一環としてなされる必要がある。

　第2章第1節において前述したように，スーパービジョンはワーカーの能力の向上だけを目的としたものではない。その目的には組織の管理すなわち支援のマネジメントも含まれる。できる限り質の高い援助・支援を，できる限り効率的に利用者に提供するための組織を管理者は作る必要がある。そのためにスーパービジョンは大変役に立つ手段である。

　現在，社会福祉援助を提供する組織は，対組織外的には，①質の高い援助支援の提供，②効率的な支援の提供（コストパフォーマンス—費用対効果の追

求），③第三者評価の実施，④アカウンタビリティ等が求められている。さらに対組織内的には，①安全で働きやすい職場，②業務遂行方法の明確化，可視性，③働く人のストレスマネジメント，および④バーンアウトの防止などが課題になっている。管理者はこれらの対外的，対内的な課題を遂行していくための「しかけ」を組織内におく必要がある。その有効な手段がスーパービジョンであると考えられる。

　では，どのような組織が以上のような課題を遂行するのに適しているのだろうか。まず，業務に関する指揮命令系統が明確であり，また意見や情報の流れが確保されていることが挙げられる。現場で働く人が誰の指示に従い，誰に指示を出すかが明確であり，実際そのとおりにされていることが重要である。例えば，職場の組織があるにもかかわらず，ワンマンな管理者の指示が，中間管理者である主任等の存在を飛び越えて現場の人に通ってしまうことなどは避けなければならない。管理者は，細かな現場の状況を把握しきれないまま指示を出す危険性を犯してしまい，また，現場の人間はそれに従わされることになる。さらに，現場の人間も主任等を飛び越え，管理者に直接意見や要望等を上申することになる。そのことは，現場の状況を把握できないまま，偏った情報をもって，管理者が重大な判断の誤りをすることにもつながる。さらに，このような混乱が日常化することで，自分の上司が感情的に好きではない等の理由で，管理者や他の部署の主任に指示を求めたり，誰にも相談せずに自己判断で業務を行ってしまい，余計な混乱を招くことになる。

　つまりは，正式のルートを通じた，情報や指示の相互作用（interaction）がスムーズに行われることが不可欠なのである。利用者に適切で効率的な援助支援を提供するには，まず，組織の方針や方向性が共有されていること，また情報が常に組織全体で共有され，その流れがスムーズなこと，特に現場の情報が中間管理者を通して管理者に適切に届けられ，また，管理者が発する情報が同じ道筋を逆に通り，現場の人間にもたらされることが必要である。

第2部　スーパービジョンの実践に向けて

図5-1　社会福祉施設・機関における組織のあり方とスーパービジョンの関係
　　　　その1（比較的大きな職場の場合）

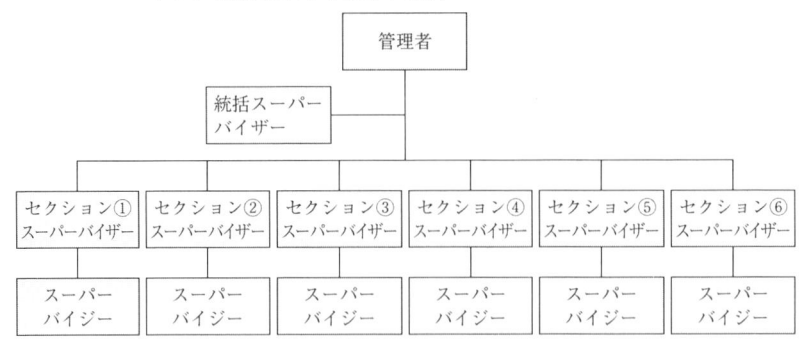

```
                        管理者
                          │
            統括スーパー
            バイザー
                          │
    ┌──────┬──────┬──────┼──────┬──────┬──────┐
 セクション①  セクション②  セクション③  セクション④  セクション⑤  セクション⑥
 スーパーバイザー スーパーバイザー スーパーバイザー スーパーバイザー スーパーバイザー スーパーバイザー
    │      │      │      │      │      │
  スーパー  スーパー  スーパー  スーパー  スーパー  スーパー
  バイジー  バイジー  バイジー  バイジー  バイジー  バイジー
```

図5-2　社会福祉施設・機関における組織のあり方とスーパービジョン
　　　　の関係　その2（比較的小さな職場の場合）

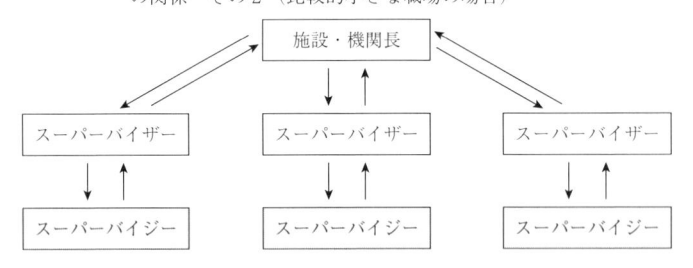

```
                   施設・機関長
           ↙↗       ↓↑       ↘↖
     スーパーバイザー  スーパーバイザー  スーパーバイザー
        ↓↑            ↓↑            ↓↑
     スーパーバイジー  スーパーバイジー  スーパーバイジー
```

　また，チームワークによる援助支援がますます必要となるゆえに，チームによる情報の共有が不可欠となる。以上のような「情報の流れ」「指示の流れ」が健康な組織であるためには肝要なのである。

　このような組織とスーパービジョンとの関係を図示すると，図5-1～2のようになる。

　運営管理者は施設・機関の運営に責任がある。それは大きく分けて，援助・支援の量・質の確保と援助者・支援者の働く環境の確保に対する責任である。この2つの命題は現実には相反する命題になりこともある。なぜならば，利用者にできる限り十分な援助支援を提供するためには，援助者支援者

に多くの労働時間を割くことを求めることにもつながるからである。この矛盾を解決するのがスーパービジョンであると考えられる。援助・支援の量・質の確保は教育的機能・管理的機能により達成できるし，援助・支援者の働く環境の確保は支持的機能・管理的機能により実現することができる。

4　スーパービジョンによる援助・支援の量と質の確保

　まず，スーパービジョンは，その社会福祉施設・機関等における，サービスの質や量を確保するために，また援助・支援の平準化をもたらすために不可欠なものである。ある一定以上の水準の援助・支援を利用者にできる限り公平に提供し，共通の方針，共通の方法による援助・支援の提供を行うことが，そこでは求められているが，スーパービジョンはこのような援助・支援の平準化にとって不可欠な手段であると言う事ができる。社会福祉機関・施設においては，個々のワーカーの専門性を尊重し，またそれを生かした，質の高いサービス提供が求められる一方で，属人的でないサービス提供，つまり誰が担当者となっても同じ程度以上の質と量のサービスが受けられることが求められる。また，どのワーカーが援助・支援に当たっても，方針や方法が共通であることも求められている。スーパービジョンは組織として，このようなサービス提供を実現するための有効な方法なのである。

　さらに，スーパービジョンによって，スーパーバイザーは一人ひとりのスーパーバイジーの援助支援のあり方を把握できる。つまり一人ひとりのワーカーの支援の量と質を管理し，評価することができるのである。そのことによって，ワーカーの置かれている状況，ワーカーの資質，能力等を理解することができ，適切な職員配置，チーム編成のための基礎的な根拠とすることができる。

　また，スーパービジョンを用いることによって，ワーカーの考え方や希望を深く理解することが可能となる。社会福祉機関・施設では年に1〜2度職

員の業務の評価が行われたり，業務のあり方についてのワーカーの考え方や希望の聞き取りを行うことがあるが，このような方法だけでは，ワーカーの思いや業務の実態やワーカーの能力などが適切に把握されることは困難である。ワーカーの考え方や思いを適切に把握し，それを職員の配置やチーム編成，日々の業務のあり方に反映させることができるならば，それはワーカーの士気を向上させることにつながる。

　スーパービジョンは継続的なワーカーへの支援であり，また継続的な評価でもある。この評価の目的は勤務評価ではなく，客観的に援助支援の量や質を把握し，適切な人材を適切なポストに配置し，ワーカーの能力を引き出し，業務の質や効率性の向上をもたらすことである。スーパービジョンはワーカーの業務の量，内容，質，ワーカーの能力，資質，状況等を継続的に評価し，業務の改善やワーカーの能力の向上を実現するための評価にとって有効な手段となる。また，評価にはその根拠（エビデンス）が示されることが重要であるが，スーパービジョンは継続的な評価の根拠を提供することができる。この根拠の提示によって効果的な職員配置やチーム編成を合理的に行うことができるのである。

　このようなスーパービジョン体制が組織において整うことによって，組織のサービス提供の力が強化され，また，合理的なサービス提供が可能となる。このことでアカウンタビリティや第三者評価に対する説明を果たすことが可能となるのである。

5　スーパービジョンによる援助・支援者の働く環境の確保

　近年，多くの社会福祉施設・機関で大きな問題となっているものに，職員の定着率の低さ，バーンアウト（燃え尽き），精神的な不具合（鬱的状態等）がある。これらはワーカーの働く環境の不整備に関連するストレスからくるものが多いと考えられる。

筆者はケアワーカーのストレスについて調査を行ったことがあるが（山辺他 2002），その結果を基に考察をすすめたい。
　ワーカーがおかれている環境において，大変問題となっているものに，利用者へのサービス自体がいくら行ってもきりがないという社会福祉実践の特徴ゆえに，長時間にわたる労働が日常化している現状がある。また，交代勤務等の変則勤務が多く，さらに重労働で責任の重い仕事であるのにもかかわらず，給与が相対的に低いという現実がある。それに加えて，多くの現場で，いわゆる「サービス残業」といわれる賃金が支払われない残業が日常化しているという大きな問題がある。多くのワーカーは専門職としてのアイデンティティをもつがゆえに，利用者に自分ができる目一杯のサービスを提供し，またそれが評価されない現状に苦しみながら支援を行っている状況にあるといえる。その結果が「バーンアウト」である。
　社会福祉の現場では，このバーンアウトゆえに中堅の職員が辞職し，若い経験の浅い職員が責任の重い仕事を担い，数年経つとバーンアウトや精神的な不具合などを理由に辞職するという悪循環が起こっている職場が少なくない。賃金の高い年長者ではなく若い職員が多い方が経営面で安定するということを，経営者が狙っているのではないかと勘ぐりたくなるような場合もある。社会福祉の現場で職員を育てるという発想が欠如し，「使い捨て」のように職員が辞職している現状が少なからずあることを私たちは認識しなければならない。これが，現在大きな問題になっている，福祉現場での離職率の高さのメカニズムである。筆者は学生が就職する際に，「利用者の満足度が高いこと，職員が疲れていないこと，自由なコミュニケーションがあること，各年代にバランスよく職員がいること（若い職員が多すぎないことやある年代に職員がかたまっていないこと）等」を見て判断するようアドバイスをしている。
　さらに，職場内の職員のサブグループ（下位集団）の存在が，そこで働くワーカーに与える影響が大きいことを認識する必要がある。サブグループには職場内の気の合う友人グループと（インフォーマル・サブグループ）と，同

じ受け持ちなどの仕事上の部署や職種・職階などによる職場グループ（フォーマル・サブグループ）がある。インフォーマル・サブグループも働く人々の士気（モラル）に強い影響を与えることが知られているが、より重要なのはフォーマル・サブグループのあり方である。そこでの意思や情報の疎通のあり方、信頼関係、チームワークなどが援助支援の質の向上や、社会福祉従事者の士気、さらにはバーンアウトの回避にとって大変重要なのである。

　スーパービジョンは以上のような働く環境の確保にとって大変重要な手段となる。

　以上のように、運営管理における課題は、①社会福祉施設・機関全体を視野におさめた質の高い援助・支援の提供、②社会福祉施設・機関内のバランスに配慮した適切な量の援助・支援の提供、③アカウンタビリティの遂行、④質の高い援助・支援者の養成、つまり実践力の醸成、⑤援助・支援者の「働きやすさ」の確保（ストレスマネジメント、バーンアウト等の防止などを含む）などが挙げられる。このことからも、社会福祉現場でのスーパービジョンの必要性が見えてくるのである。

　次に、スーパービジョン体制の構築をするには、どのような視点が必要なのかについて述べてみたい。スーパービジョンの必要性が認識されているにもかかわらず、スーパービジョンが広まっていかない要因は、社会福祉機関・施設内でスーパービジョンができる体制がつくられていないことが大きいと考えられる。つまり、スーパービジョンをできる体制づくりが急務なのである。その体制を作るには、①スーパービジョンの保障という考え方をもつ、②勤務の管理ではなく、援助・支援の管理という発想をもつ、③業務の偏りの防止や援助支の平準化が職場内のストレスマネジメントやバーンアウトの防止につながるという視点、④職場内の縦横、フォーマル・インフォーマルなコミュニケーションの活発化が職場の士気や健全さに貢献するという視点、⑤同一の援助支援の方向性の維持が、職場全体のアカウンタビリティを担保するという視点等が不可欠である。

6 情報の共有および情報保護システムとスーパービジョン

　職場のコミュニケーション，特にフォーマルなコミュニケーションについては，健全なコミュニケーションが確保されていることが重要であるという点については異論がないであろう。

　健全なコミュニケーションの確保については，フォーマルなコミュニケーションとインフォーマルなコミュニケーションがバランスよく組み合わされることが必要である。健全なコミュニケーションが乏しい職場では，インフォーマルなコミュニケーション，特に職場環境の愚痴や上司や同僚の批判，噂話などが多く行われ，フォーマルなコミュニケーションが弱いという傾向がある。

　スーパービジョンは，このようなインフォーマルなコミュニケーションをフォーマルなコミュニケーションに変換するという役割がある。スーパービジョンの枠組みの中で，援助支援のつらさや同僚や上司とのチームワークで気づいた点などをフォーマルな場で話し合うことができ，さらに噂話等ではなく確実な情報を得て，スーパーバイザーやグループのメンバーと話し合うことができるようになる。このことで，職場内でのコミュニケーションを潤滑にし，いわゆる風通しの良い職場に転換できることが可能となる。

　さらに，ケースに関する情報等についても，援助支援者一人や恣意的な2〜3人の人が抱え込むのではなく，スーパービジョンの場でその情報が話し合われることによって，そのケースや部署に関わるすべての人に伝わり，共有することができる。さらにそこでの援助支援方針や援助支援の取り決めなどもチームで共有できる。さらに，これらの情報の取り扱いに関して，スーパービジョンというフォーマルな場で話し合うため，どこまで誰に開示するのかというようなことを徹底することができ，個人情報や秘密の保持についてもそのルールが徹底できるというメリットもある。

職場内での情報保護システムをスーパービジョンで適用することは、大きなメリットがある。マニュアルや取り決めだけが定められているのではなく、スーパービジョンの場でケースに基づいて具体的に話し合うことによって、援助支援者は具体的実践的に情報保護システムの運用のあり方を理解できるのである。

7 スーパービジョン導入プランの作成

では具体的にスーパービジョンを導入するプランをどう作成すればよいのだろうか。通常はアセスメントを行った後に、導入プランを作成する。

その際、スーパービジョンを行う範囲（職場全体、直接支援職員のみ、相談担当職員のみ等）と単位（組織）、スーパービジョンの目的、スーパービジョンの方法、スーパービジョンの時間、スーパービジョンを行うにあたっての役割（スーパーバイザーとスーパーバイジー等）を具体的に計画に盛り込んでいくことが肝要である。その際現実的に実施可能な計画を立てるべきである。

また、計画を立てる際には、個人スーパービジョン、グループスーパービジョン、ピア・スーパービジョン等の方法を適切に使い分ける必要がある。また、カンファレンス、ケースカンファレンス、コンサルテーションとの違いをよく認識し、適切な方法でスーパービジョンをデザインしていくことが重要である。個人スーパービジョンは困難ケースやワーカーが仕事において問題を抱えていたり悩んでいる場合、さらに新人の最初の導入教育において用いると効果がある。グループスーパービジョンは、わが国では基本となる形式である。ケースカンファレンスの時間を活用し、またスーパービジョングループを作ることによってグループスーパービジョンを定着させる工夫をする。スーパービジョングループを作る際には、メンバーの数や構成をよく考える必要がある。同職種のグループを作ることが一般的であるが、同じような経験をもつ人々を集める場合や経験や能力が異なる人々を組み合わせる

場合もある。ピア・スーパービジョンは中堅以上のある程度能力が高い職員を対象にすべきである。

8　スーパービジョン導入の実施と評価

　実際にスーパービジョン導入の計画が立てば，次に，それを実施する段階にいたる。
　まず，計画を職場全体で確認し，実施可能であるかを議論し，実施にあたってより工夫する点を提案してもらう場をもつ。ここで出た意見は実施にあたり大変重要なので，真摯に受け止め，計画に反映するべきである。このことは，導入チームだけでなく，スーパービジョンを職場全体の課題として職場構成員全体により深い理解を導く機会として大変重要である。
　職場全体での確認と議論によって修正した計画を，スーパービジョンを行う単位で再度話し合う機会をもつ。ここで，具体的にスーパービジョンをどのように実施していくかをより詳しく話し合う必要がある。例えば，週に1度グループスーパービジョンを業務時間の中で1時間確保するという計画について，業務の流れや交代勤務との関係でどのような確保の仕方をするか，等について綿密な話し合いをもち，メンバーの意見を反映させ，計画をより具体的に詰めていく。またこの際，短期（3カ月～半年程度）のスーパービジョンの目標や課題を設定することも忘れてはならない。このような作業を通じて職場のメンバーのスーパービジョンへの動機づけが強化されていくという効果もある。そして何より，スーパービジョンが職員自身のものとして，また現実のものとして遂行されていくためにはこの作業が不可欠なのである。
　試行期間を設けることも重要である。2週間から1カ月の試行期間を設定し，スーパービジョンを行う。試行期間の後，スーパービジョンを行って感じたこと，考えたこと，問題だと思われる点を挙げ，これを定着させ継続して行っていくために必要な具体的な改善点等を提案する場を設けることも効

果的である。ここであげられた、さまざまな意見を反映させて計画の見直しを行い、それを全員で確認することで、より具体的現実的で実施しやすい計画が完成する。

そして、この計画を実施していくのである。この際モニタリングを行い、改善が必要な場合には実施に反映させる。なお、この場合、この情報を職場の全員が周知できるよう工夫するべきである。

また、スーパーバイザーはスーパービジョンの記録をつけることが重要である。また、個人スーパービジョンの場合にも、グループスーパービジョンの場合にもスーパーバイジーもそれぞれの立場で記録をつけていくことが必要である。スーパービジョン記録はその後の実践の糧となる。簡潔で要点をおさえた記録を書くよう努めるべきである。巻末資料1-1～2-2にその例を示す。記録は1回のスーパービジョンについて1枚のノートあるいはカードに収まる程度のものが活用しやすい。記録は機関や施設内に保管し、秘密保持に努めるべきである。

スーパービジョンの実施を始めるにあたり、スーパーバイザー会議やスーパーバイザー研修会をもつことも重要である。それぞれのスーパーバイザーが個々のスーパービジョンの実施状況を持ち寄り、その実施の仕方をグループで検討する、いわばピア・スーパービジョンを行ったり、スーパービジョンの実施体制について話し合うことは、スーパーバイザーの力量を高めたり、スーパービジョンに実施をより円滑に進めていくために非常に効果的である。また、研修会等では機関や施設外からコンサルタントを招き、コンサルテーションを受けることも効果がある。このようなスーパーバイザー会議や研修会は1～2カ月に1度ぐらいは行う必要がある。

さらに、スーパービジョンを実施して半年後、あるいは年度末、半期末等にスーパービジョンの評価を行い、スーパービジョンのもたらした効果を確認し、見直しを行うことも重要である。この評価に関しても統一した記録の様式を用いることで、社会福祉機関・施設全体のスーパービジョン体制を展

第5章　職場にスーパービジョンを導入する

開する一助となる。その一例が巻末資料5-2の「スーパービジョン・アセスメントシート記入例」である。

9　事例でみるスーパービジョンの導入

　ある障害者への支援事業所で，支援を統括するA主任はスーパービジョンを導入する必要があると考えた。
　この事業所は，身体障害のある利用者の重度障害者通所介護（20名定員），ショートステイ（4名定員），居宅介護，重度訪問介護，移動介護を行っている。その他も障害のある子どものプログラムなどを提供している。スタッフは常勤職員15名，非常勤職員5名である。
　まず，主任は所長に相談をした。所長は「スーパービジョン」という言葉は知っているが，詳しくは知らないと言い，「スーパービジョンが必要な理由と，それを導入する計画について企画書を出してほしい」と述べた。また，所長はスーパービジョンには外部の講師に来てもらう必要があると思い，その講師料の財源や就業時間後に特別な時間を設定する必要があると思い，その時間のための残業手当の財源を考えて報告してほしいと述べた。
　主任は，外部講師は必要ないこと，業務時間外に特別な時間をとるのではなく，業務時間内で効率的にスーパービジョンを行うので，特別な財源は必要ないと述べた。
　2週間後，資料5-1のような企画書を完成し，所長に報告した。
　この企画書を読んで，所長は「少し考えさせてほしい」と述べた。4日後所長からスーパービジョンの導入の準備を始めてほしいという話があった。次年度の年度初めから一部でも導入することを目標としようと話し合った。所長も協力は惜しまないと約束をした。
　早速，A主任は4人のチームリーダーに声をかけた。「スーパービジョンを導入すること」についての準備会を発足したいと協力を求めた。4人（B，

第 2 部　スーパービジョンの実践に向けて

資料 5 - 1　スーパービジョン企画書

2013年10月20日

○○事業所長　様

○○事業所　主任　A

スーパービジョン導入の必要性

　スーパービジョンとはワーカーの養成とクライエントへの援助（支援）の向上を目的として，スーパーバイザーがワーカーとのスーパービジョン関係の中で，管理的，教育的，支持的機能を遂行していく過程である。スーパービジョンの目的はワーカーの養成と利用者への支援の質の向上であり，それは間接的な援助活動と言える。本事業所では，さまざまな支援に取り組んできているが，そこにおけるチームワークの不十分さ，情報の共有の不十分さ，さらに特定の職員への業務の偏りなどが見受けられ，昨年度はバーンアウトが要因と思われる退職があった。

　このような事態を回避し，より働きやすい職場，利用者へより質の高い十分な支援を提供するために，以下のように，スーパービジョンを導入することを提案する。

記

導入時期（予定）：　次年度年度初め
導入の方法：主任チームリーダーを中心にスーパービジョン導入チームを作り，導入方法等を検討する。
導入責任者：A
スーパービジョンの範囲：全職員（パート職員も含む）

以上

　以上のような，導入案を考えましたので，ご検討をお願いいたします。

　C，D，Eの各チームリーダー）とA主任はまず自分たちがスーパービジョンについて勉強をする必要があると話し合い，3カ月間勉強会を重ねることとした。勉強会準備会を2回もち，スーパービジョンの文献を持ち寄り，A主任は今年自らが参加した外部研修の「スーパービジョン研修」の資料とノートをもってきた。それらの文献や資料，ノートをもとに勉強会の役割分担，発表順などを決め，3回の勉強会をもった。

　勉強会終了後，所長にその経過を報告し，事業所内でスーパービジョン導入チームを結成することにした。メンバーは勉強会の参加者と所長と事務の責任者である。

年度末の約2カ月半の間，職場の中でスーパービジョンの勉強会を開いたり，模擬グループ・スーパービジョンのデモンストレーションを行った。また，案の段階であるが，スーパービジョンシートを提示し，使い勝手について意見を聞いた。
　さらに，スーパービジョンの導入の是非について職員全員にアンケートをとった。概ね，賛成という事であったが，スーパービジョンの時間の確保やグループの作り方について，不安があったため，それらについてさらに話し合いを重ねた。
　話し合いの結果，次年度の新人職員のスーパービジョンを年度初めに個人スーパービジョンとグループスーパービジョンを併用して行う事を決定した。
　そして，半年をかけて，職場のアセスメントを行い，アンケート用紙を用いて，問題点やニーズを洗い直し，それに対応するスーパービジョンのあり方を検討することになった。
　さらに，スーパービジョンの準備として，スーパーバイザーの勉強会を重ねること，時間の確保についてさらに話し合いを重ね，カンファレンスや他の会議との兼ね合いを考え，職員全員の負担とならないように取り決めること，などを条件に次年度の後半（10月から）にスーパービジョンを本格的に導入することを決定し，所長も同意した。
　こうしてこの事業所のスーパービジョンの導入は決定された。

第6章 スーパーバイザーになる

　スーパービジョンを導入していく際に，最も悩むことでもあり，重要なことは誰がスーパーバイザーになるかということである。スーパーバイザーの役割を取る人は，はじめからスーパーバイザーであったわけではなく，スーパーバイザーとしての役割を与えられ始めて，その能力を獲得してスーパーバイザーの役割を取ることができるのである。はじめからスーパーバイザーとしての自信があるわけではない。そこで最も大切なことはスーパーバイザーとしての自覚がもてるかどうかである。しかし，それ以前にスーパーバイザーとしての基本的資質を備えている必要がある。

1　スーパーバイザーの基本的資質

　その基本的資質とは，最初に，援助支援の方法を熟知していることである。それは，援助・支援の流れや方向性が見えていることである。豊富な援助・支援の経験からどのようなケースや援助・支援の場面においても常に援助・支援の流れを把握し，また見通しをもつことができることである。これは「ケースにおいて，何が起こっているか，またそれはどうなるべきか」がわかっていることである。第2にどんな場面であっても，援助・支援の方法やビジョンを具体的にデザインできる能力をもつことである。つまり「何をすればよいか，またどうすればよいか」がわかっていることである。第3に，人を援助できるコミュニケーションの能力をもっていることである。これはソーシャルワーカーとして最も基本的な資質である。スーパーバイジーを教

え，支え，援助することはこの資質があってこそできるものである。

　このような基本的資質に加えてスーパーバイザーは，スーパーバイジーのあり方を適確に把握していることが求められる。その上で，スーパービジョンのスキルを理解し習得しておくことが重要である。スーパービジョンのスキルはソーシャルワークのスキルのいわば応用である。優れたソーシャルワーカーにとって，このようなスキルの習得は学習の機会さえあれば可能であろう。そして意識してスーパービジョンの場面でこれらのスキルが活用できるよう努力することが大切である。もう一つ大切なことは，スーパーバイジーの現状を的確に理解し，スキルを効果的に活用することである。仕事の能力，性格，職場での人間関係のあり方，利用者との人間関係のあり方等をさまざまな側面から的確に把握し，スキルを意識して効果をねらって駆使することはスーパービジョンの基盤となる。

　さらにスーパーバイザーは，管理者へ現場の支援の状況を伝え，援助・支援や現場の状況について自らの意見が率直に言えることが重要である。現場を確実に把握し，問題点や課題を明らかにし，それを解決するために管理者がすべきことを提言することもスーパーバイザーの大きな役割である。さらに，管理者の考えや方針を現場に即してワーカーに伝え，それが現実的に展開できるかどうかを吟味しながら遂行することもスーパーバイザーの役割である。このようにスーパーバイザーはスーパービジョンを通じて職場のコミュニケーションの要となり，職場の運営の要となる役割を果たす。

　最後にスーパーバイザーとして最も重要なことは「スーパーバイザーとしての意識」を常にもつことである。スーパーバイザーとして，「ワーカーを育てる」「ワーカーを支える」「スーパーバイジーの利用者への支援に責任をもつ」ことを，スーパービジョンの場面のみならず普段の業務においても自覚することが何より重要である。そのことによってスーパーバイザーの視点をもって現場の業務をとらえることが可能となる。また，その中でのスーパーバイジーの動きも見えてくるのである。

第 2 部　スーパービジョンの実践に向けて

2　職場のアセスメント

　スーパーバイザーという役割を取ることが決まったら，まず現在の職場の問題やニーズを的確に把握する，いわば「職場のアセスメント」を行う必要がある。それは，①利用者への支援の質や水準に関する問題やニーズ，②各ワーカーの仕事量（バランス・過重等）に関する問題やニーズ，③職員間のコミュニケーション（指揮命令の流れ，人間関係）の問題やニーズ，④人材の育成（新人の教育や各職階における人材確保）の問題やニーズ，⑤働きやすさに関する問題やニーズ，⑥バーンアウト・離職の問題，⑦その職場における特有の問題やニーズ等が中心となるだろう。その問題やニーズの整理は巻末資料5-1～2のような簡易なアセスメントシートを用いて行うことができる。
　このようなニーズの整理を行った後で，自分の職場の問題点，ニーズを明確化し，また自分が責任をもつべきスーパーバイジーが抱えている職場の問題点やニーズを明確化することが重要である。
　その中で，どうすればそれらの問題が解決したりニーズが充足されたりするのか，について戦略を立てる。スーパービジョン以外の手段が有効な場合は，しかるべき役割の人にそのような問題やニーズがあることを伝え，さらにスーパービジョンが役立つと思われるものについては，自分が行うべきスーパービジョンについての大まかな計画を立てる。このような計画については，資料6-1のような計画書の例等が活用できる。
　このような計画書では，どのような様式でも良いが，基本的に，職場のニーズを踏まえ，スーパービジョンでの予想される効果を明記することが重要である。職場の組織の状況に応じた，スーパービジョン体制を計画することは必須である。誰が誰のスーパーバイザーになり，誰がスーパーバイジーになるかを決めていくのである。
　さらに，スーパービジョンの時間の確保はどのような事業所，施設におい

第6章　スーパーバイザーになる

資料6-1　スーパービジョン計画書（例）

1　職場へのスーパービジョン導入の目的と予想される効果
　① 職員各々の業務の実態が把握できる。
　② ケアのあり方が標準化できる。
　③ 特定の職員への業務の集中がなくなる。
　④ コミュニケーションのあり方が改善できる。
　⑤ 職員のOJTが円滑にできる。

2　スーパービジョンの構成
　① ソーシャルワーカー
　　・主任5名（スーパーバイザー）
　　・4名，主任（新人）1名（スーパーバイジー）
　　・1名（新人）主任（スーパーバイザー）
　　→3カ月個人スーパービジョン後，ソーシャルワーカースーパービジョングループに入る。
　② ケアワーカー
　　・チームリーダーを5人とし，各チーム（A～E）のチームリーダー（スーパーバイザー）とする。
　　A：ケアワーカー6名（常勤）
　　B：ケアワーカー6名（常勤）
　　C：ケアワーカー5名（常勤3名・パートタイマー2名）
　　D：ケアワーカー5名（パートタイマー5人）
　　E：ケアワーカー6名（常勤・中途採用者2名含む）
　　F：新人ケアワーカー4名（常勤）・副施設長（スーパーバイザー）
　　→3カ月個別指導を実施後，各チームのスーパービジョングループに入る
　　→チームリーダー5名のスーパービジョンは副施設長が行う

3　スーパービジョンが受けられる職員
　① 個人：新人職員（3カ月のみ）
　② 相談員1名　ケアワーカー4名
　　（いずれも3カ月のみ）
　③ グループ　相談員　ケアワーカー　27名
　　　　　　　相談員　4名

4　スーパービジョンの時間設定
　① 相談員，ケアワーカーはスーパービジョングループに分かれて，各々のグループについて業務時間内に2週間に1時間時間を決めてスーパービジョンを行う。
　② 当初3カ月，新人は個人スーパービジョンを受ける。
　　それぞれ原則週1回30分，加えて必要に応じて，適時時間設定。
　③ 新人は3カ月を経て，各々のスーパービジョングループに入る。

5　どのようなスーパービジョン，スーパービジョン体制，組織を目指すのか。
　① 職員間のコミュニケーションを円滑にし，抱えている問題の相談・職員間の信頼関係

ができるような体制づくり。
② 支援において共通の方向性があり，標準的な支援が提供できる体制，つまり，職員によって支援がバラバラという状況を生み出さない組織づくり。
③ 管理者が，現場の状況をよく理解し，現場が管理者との意思疎通ができる組織づくり。
④ 業務上のニーズが表明でき，職員が悩みや問題を一人で抱えることなく，常に相談できる人がいる体制づくり。
⑤ 支援や業務全体が見通せる人がおり，組織全体を視野に支援や業務を考えることができる体制づくり。
⑥ 新人職員の教育を丁寧にし，中途採用の職員も中堅職員の養成も体系的にできる組織づくり。効率的なOJTが機能する体制づくり。

ても重要な要素なので，現実的な時間の確保案を提示することが求められる。最後に，どのようなスーパービジョン，スーパービジョン体制，職場組織を目指すのかというスーパービジョンによる取り組みのゴールを設定することが重要である。

3　スーパーバイザーになる

　スーパービジョンを行うためにはまず，しかるべき立場にいる誰かがスーパーバイザーの役割を引き受けなければならない。従来欧米などではソーシャルワークの現場等で綿々とスーパービジョンが受け継がれてきた経緯があるので，スーパービジョンを受けた経験を誰もがもっている状況がある。スーパーバイジーとしてスーパーバイザーの関わりを熟知しているために，自らがスーパーバイザーの役割を取る場合にもスムーズにその役割を遂行できる。しかし，わが国ではスーパービジョンが本格的に導入されているとは言い難く，新たにスーパーバイザーとなる人の養成が必要である。

　本来は養成の研修等を通じて行うべきであろうが，ここでは紙面を通して，スーパーバイザーから見たスーパービジョンの過程を追うことでスーパーバイザーの役割とその遂行について理解を深められたい。

　まず，スーパーバイザーになるために最も必要なものは，スーパーバイ

ザーとしての自覚であろう。自分がスーパーバイザーとしてスーパーバイジーと利用者への支援に責任をもつという自覚あるいは覚悟のようなものが不可欠である。それは「ワーカーを育てる」「ワーカーを支える」「ワーカーを通じて利用者への支援に責任をもつ」という意識を常にもつことである。

　スーパーバイザーとして必要な能力としては第4章でも述べたが、簡潔にまとめると、次の3つが挙げられるだろう。

① その施設や機関における支援やその方法について熟知していること。つまり支援の過程や方向性が見えていること、適切な支援方法が選択でき、それを適切に用いることができる熟練した技術を身に付けていることである。
② スーパービジョンのスキルが習得できていること。つまり、スーパーバイジーや利用者の状況を的確に把握できていることと、スーパービジョンのスキルが活用できることである。
③ 現場の状況を的確に把握し、それを運営管理者に適切に伝えられ、スーパーバイザーとして適切な意見を述べることができること。さらに運営管理者の考え等を現場のスタッフの状況に即して適切に伝え、支援に反映させること。つまり、組織のコミュニケーションの要となることである。

4　スーパービジョン導入事例

　社会福祉のスーパービジョンはあくまでケースの過程に沿って行われるべきである。それは援助・支援の過程と並行して行われるという意味で、「パラレル・プロセス」と言われる。援助・支援の過程は第1章で前述したので、ここでは触れないが、このパラレル（並行）なプロセスである支援の過程と、スーパービジョンの過程、すなわちスーパーバイザーとしての役割を遂行し

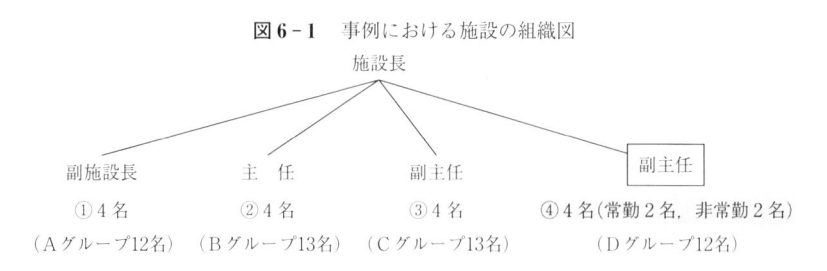

第2部　スーパービジョンの実践に向けて

図6-1　事例における施設の組織図

```
                    施設長
        ┌──────┬──────┼──────┬──────┐
      副施設長   主　任    副主任    ┃副主任┃
      ①4名     ②4名     ③4名     ④4名(常勤2名，非常勤2名)
     (Aグループ12名)(Bグループ13名)(Cグループ13名)  (Dグループ12名)
```

て行くプロセスを以下の事例をもとに見ていきたい。

（1）事例の概要

　山口秀雄（仮名）は，社会福祉系の大学を卒業と同時に社会福祉士の資格を取得し11年目の知的障害者の通所施設（就労継続支援B型事業所）の職員である。大学卒業以来ずっと同じ施設に勤めている。3年前から，あるグループの主任となっている。自分でも主任にしては経験が少ないと考えているが，自分より経験が長い職員は3名しかいない。施設の組織図は，図6-1のようになっている。

　新年度から職場でスーパービジョンを導入することになり，施設全体で導入の戦略について話し合った。その結果，副施設長と主任がそれぞれスーパーバイザーとなり，自分のグループの職員をスーパーバイズすることとなった。山口のスーパーバイザーは副施設長がすることになった。

　担当するスーパーバイジーは，施設内の4つのグループのうち，自閉症をもつ利用者を中心としたグループを担当している。作業は各利用者の特性や状況に応じて行っている。スーパーバイジーは以下の4名である。

・広瀬裕子（23歳常勤職員：経験3カ月）
　社会福祉系大学を卒業したばかりの女性。社会福祉士資格取得済。自閉症の利用者3名を担当。
・宮崎博一（29歳常勤職員：経験2年3カ月）

大学（経済学部）卒業後，一般企業，高齢者デイケア介護職を経て現職。介護福祉士の資格をもつ。比較的重度な利用者3名を担当。
・青山美代子（38歳常勤職員：経験1年0カ月）
短期大学保育科卒業後8年間同じ法人の就学前障害児通所施設で保育士として勤務。出産時に退職するが，3年前より非常勤職員として同法人内の重度障害者デイケアで非常勤職員として勤務。1年前より現職。自閉症の利用者3名を担当している。勤務形態は常勤に準ずる。
・高井恵子（50歳非常勤職員：経験2年6カ月）
高校を卒業後一般企業の事務職を5年勤め，結婚を機に退職。長男が自閉症の障害をもっている。特別支援学校の保護者会の役員や親の会設立等に関与し活動してきた。現在，長男は別の施設に通所している。担当する利用者は無く，主に作業の管理を担当し，フリーで動いている。週4日で計24時間勤務の契約である。

（2）スーパービジョンをデザインする

山口はこのグループをどうスーパーバイズするかを任され，検討した。まず，このグループについて以下の点についてスーパービジョン・アセスメントシート（巻末資料5-1～2）を用いてアセスメントを行い，以下のような課題を見出した。

・新人の職員（広瀬）
・利用者や家族とのコミュニケーションがうまく取れず，悩んでいる。クライエントが何を望んでいるのかがわからない。
作業をしていて，障害のある利用者に対してどう接して良いかわからない。黙って黙々と作業をしていて，職員としてこれでよいのかと内心悩んでいる。
・ケースの管理ができていない職員（宮崎）
・忙しく，多くのケースを担当しているので，行き当たりばったりの対症的対応に終始している。本人は仕方がないと思っている。自分の中でケースを把握しきれていない。

> ・利用者への管理が強すぎる職員（高井）
> 　自分の思うように，利用者が動いてくれないと，イライラする。一歩間違えば暴言，抑制等が起こってしまう危険性がある。使命感は強く，自分がいなければ現場が回らないと思っている。他の職員に批判的。
> ・労働時間が長く，バーンアウトの危険性がある職員（青山）
> 　毎日遅くまで記録や準備で残っている。決められた残業時間を越えるとサービス残業をしている。残業をしないと仕事が終わらない。笑顔がなくうつ気味である。利用者の支援では受容的で，話をよく聞き大変頼りにされている。よく働いてくれている。

　山口はスーパービジョン導入の戦略を立てた。グループの職員には7月からスーパービジョンを導入することを告げ，最初の3カ月は広瀬ワーカーに個人スーパービジョンを受けてもらうこととし，3カ月後にグループスーパービジョンを始めることとした。個人スーパービジョンがうまくいけば3カ月後に広瀬ワーカーもグループスーパービジョンに参加する予定である。

（3）個人スーパービジョンを始める

　ケースカンファレンスのために設定された時間を活用し，山口は広瀬ワーカーと1時間の予定でスーパービジョンに関する話し合いをもった。そこで毎週水曜日の支援会議（7月からはグループスーパービジョン）の時間の一部（16：30～17：00）を利用して個人スーパービジョンを行うことを契約した。広瀬ワーカーには担当利用者に関するスーパービジョン用の記録を書いてくるよう指示した。

　1週間後広瀬ワーカーは4名の利用者に関するこの1週間の取り組みを記録してきた（資料6-2参照）。それによって広瀬ワーカーの利用者や支援に関する考え方をある程度とらえることができた。

　さらにアセスメントシートと個別支援計画表を渡し，次回までに最低1人の利用者に関してアセスメントと個別支援計画を立ててくるように指示した

(資料6-3参照)。

　その次のスーパービジョン時にアセスメントと個別支援計画について話し合い，助言し，広瀬ワーカーはアセスメントと個別支援計画を修正した。そこでこのケースに関する考え方を重点的に話し合い，多くを学んだ。

　それを4名の利用者それぞれについて行った。30分の枠では時間が足らないこともあったが，必要であればスーパービジョンの時間をほかに確保することもあった。

　4名のアセスメントと個別支援計画が出来上がると，日々の支援に関する記録をもとに個人スーパービジョンを行った（資料6-5参照）。常にアセスメントと個別支援計画に立ち返り，支援のスキルと考え方，判断力を醸成することが主眼とされた。

　このスーパーバイザーとしての経験は山口にとっても大変大きな学びになった。ソーシャルワーカーとしての最も基本的なスキルや考え方，判断のあり方などを改めてスーパーバイジーとともに確認してさらにそれを実践に反映させていく作業は自分の実践についての洞察をすすめ，自分の実践の質の向上に繋がっていった。

　約3カ月の個人スーパービジョンにおいて定期的なスーパービジョンを13回，必要に応じて4回のスーパービジョン（いずれも30分程度）を行い，広瀬ワーカーはさまざまな状況に対応できる支援ができるようになった。4カ月目から彼女はグループスーパービジョンのメンバーになった。

（4）グループスーパービジョンを始める

　グループスーパービジョンは，7月から新たに時間を設定して行った。支援会議として設定していた時間を1時間スーパービジョンの時間にあてた。支援会議は基本的にメールや文書で行い省力化し，グループスーパービジョンの後の時間を約30分とった。

　初回はグループスーパービジョンの契約と運営の方法，ルール等を決めた。

グループスーパービジョンはまず、それぞれのメンバーが年度初めに作成した担当している利用者のアセスメントと個別支援計画を確認することから始まった。1名の職員に1回の時間を当て、それぞれの受け持つ利用者の支援の基本的考え方や方針を確認した。このことで他のメンバー間にも情報が共有された。

それが済むと、その回の担当を決め、それぞれ支援で困っていること、また支援の方法についての確認などそれぞれの職員がその回の目的を明確にしてスーパービジョンに臨むことにした。まず、スーパービジョン用に記録をまとめプレゼンテーション（発表）できるよう準備をした。7月から10月中旬まではメンバーは4名で4週間に1度ケースをまとめ、4週間に1度順番が周ってくることとなった。緊急に相談したいケースがある等の場合は例外とした。ケースの提示は以下の①〜⑫に基づくことにした。事例提示の様式は以下のようなものとしたが、アセスメントと連動したものであればどのようなものでもよい。まず、アセスメント項目を挙げ、この項目に従ってわかる範囲で整理しながら記録する。

```
①  名前・生年月日・住所等の基本的情報
②  家族背景・家族関係等
③  他者との対人関係のあり方
④  身体的機能と健康状態
⑤  知的機能と教育的背景
⑥  情緒的機能
⑦  問題解決の能力
⑧  職業と経済的状況
⑨  居住状況と社会的移動の状況
⑩  栄養状況と住居の安全性
⑪  印象と総合的所見
⑫  援助を受ける理由
```

このような項目に従ってクライエントの状況や，課題のあり方をまとめてみると，その時点でのニーズが明らかになる。それを明記することで，問題・ニーズを意識化することができる。また，問題・ニーズが明らかになった時は，それが充足された場合，あるいは解決された場合の状態を「ゴールあるいは中間目標としてのタスク」として提示する。そのことで支援あるいはクライエント自身のゴール（タスク）が明確になるのである。

　例えば，例にある事業所のFさんという利用者のニーズとゴール（タスク）をもとに考えてみよう。Fさんのニーズとゴール（タスク）は以下のようにあげられる。

問題・ニーズ（箇条書き）	ゴール（タスク）
・職員に自分の思っていること，してほしいことが伝えられない。	→ ・職員に自分の思っている事，してほしいことが伝えられる。
・決まった手順が乱されるとパニックになる。	→ ・常に決まった手順でできるようになる。
・落ちついて食事の後の休憩ができない。	→ ・落ち着いて食事の後の休憩ができる。
・家族のDさんの理解が不足している。	→ ・家族にDさんの理解を深めてもらう。

　次に，明記されたニーズやゴール（タスク）について，もう一度確認する。それは誰のニーズであるか，誰のゴール（タスク）であるかという事についての確認である。クライエントのニーズであるのか，家族のニーズであるのか，また，ワーカーのニーズであるのか，その他の人のニーズであるのかを考えていく必要がある。クライエント主体の立場では，クライエントのニーズを第一に考える必要がある。もちろん，ワーカーのニーズをクライエントのニーズに優先することは許されない。FさんのニーズとFさんの家族のニーズを分けて考えると次のようになる。

① クライエントのニーズ
・職員に自分の思っていること，してほしいことが伝えられない。

第2部　スーパービジョンの実践に向けて

> ・決まった手順が乱されるとパニックになる。
> ・落ちついて食事の後の休憩ができない
> ②　クライエント家族のニーズ
> ・家族のDさんへの理解が不足している。

　次にニーズとゴールをもとに具体的な支援の方法を計画する。それがプランニングである。プランニングとは，ニーズを充足するための具体的な方法を考察し，支援のパーツをそろえて，組み合わせることである。例えば，上記の「①　クライエントのニーズ」中の「職員の思っていること，してほしいことが伝えられない」に関しては，以下のようなプランニングが考えられる。

> いつ（までに）→3カ月間，昼休みの時間に
> 誰が　　　　　→Dさんと広瀬ワーカーが
> どこで　　　　→休憩室で
> 何を　　　　　→一緒に過ごし
> どうするのか　→少しずつ話をする中で，思っていること，してほしいことを知る。

　一つひとつの支援の方法を計画すると，それにしたがって，支援を展開する。スーパービジョンはこのような支援のプロセスと並行して行う。その際，常に評価を行いながらスーパービジョンを行う。
　次に，このような事例において広瀬ワーカーについてのスーパービジョンシートを示す。このシートは，スーパービジョンの過程のプロセスを明確に記録するために役立つ。スーパービジョンシートは，まず，支援のゴールをスーパーバイジーが明記し，それに対するスーパーバイジーの計画を書く，さらにそれに関する実際の支援内容を支援が終わってから書き，支援に対する評価を3カ月後に書き込む。さらにスーパービジョンの内容とスーパービジョンを受けて変化したことを評価する。このような記録を残すことで，スーパービジョンの過程を跡づけすることができ，さらに継続性を保つこと

ができるのである。

次に，後の3人については，それぞれの課題に関してどのようなスーパービジョンが可能かを考えた。例えば，利用者への管理が強すぎる高井職員に関する課題は以下のとおりである。

> ・自分の思うように，利用者が動いてくれないと，イライラする。
> ・一歩間違えば暴言等をしてしまう危険性がある。
> ・使命感は強く，自分がいなければ現場が回らないと思っている。
> ・他の職員に批判的。

高井職員に対するスーパービジョンに向けて，これから実践ができそうなこととして，以下のようなことがある。

まず，課題に基づいて高井ワーカーのスーパービジョンの目標を明確にし，それをスーパーバイジーに示した。それは以下のようなものである。

> ① 自分の支援における行動の結果を考えてもらう。
> ② 自分の支援に関する「思い」が，自分だけの考えにとらわれている事がないかを明確にする。例えば，なにか急がなければならないと勝手に思い込んでいないか，などを洗い直す。
> ③ 自分の支援における不適切さについて自覚をもつ。
> ④ 不適切さがあれば，不適切さの原因を知る。

このような目標に対してできるスーパービジョンは，例えば以下のようなものである。

> ① 「利用者に対してそのような態度をとり続けるとどうなると思うか？」についてスーパーバイジーに考えさせて，答えさせる。その際，こちらから「ああでしょう」「こうでしょう」と言わない。例えば，以下のような質問が有効である。

- ・利用者はどう思うと思うのか？
- ・あなたが利用者だったらどう思うのか？
- ・施設の信用はどうなるのか？
- ・一緒に働いている人はどう思うのか？

② 「なぜそんなに急ぐ必要があるのか？あなたはほかの人と比べてそんなに遅いとは思えないのに，そんなに急ぐのはなぜなのか？」を考えてもらう。これも①と同じく，スーパーバイジーに考えさせて，答えさせることが重要である。こちらから「ああでしょう」「こうでしょう」と言わないことを心掛ける必要がある。

③ 自分の感情をコントロールできないのはなぜなのか？　わかっていながらきつい事を言う，理不尽な事を言うなど自分の感情をコントロールできないことは「福祉支援の仕事をして給料をもらっている」プロとしては大変まずいことであることを話し合う。それがわかっていながら，できないのはなぜか？　やはりスーパーバイジーに考えさせて，答えさせる。やはり，こちらから「ああでしょう」「こうでしょう」と言わない。この話の結論として，感情をコントロールして利用者と関わる事ができなければ福祉職失格であるという結論を自分から導き出せることが重要である。

④ 「働いていて何かストレスがあるのか？」「利用者にきつく接しなければならないようなストレスを抱えているのか？」「この仕事（福祉支援）自体がストレスなのか？」「なぜ，そんなにきつくあたると思うのか？　性格上の課題か？　現在抱えているしんどさか？……」などを考えてもらう。また，このような個人的なテーマをスーパービジョンするためには，グループスーパービジョンの開始までに，時間をとってこのことを話し合う必要がある。あくまで相手の言うことも聴き，責める態度を出さずに行うことが重要である。

このように，スーパーバイザーを担うワーカーは，丁寧にスーパービジョンの導入を行い，さらに，スーパービジョンの目的や目標に即して準備を行い，そして目的や目標に焦点を合わせて，スーパービジョンを実践する必要がある。このようなスーパービジョンの実践によって，スーパーバイジーの

知識，技術，価値についての資質が向上していくのである。そしてその過程を経て，スーパーバイジーの支援に関する意識を専門職のそれに導くことが重要である。つまり，専門職としての支援に関する意識を醸成するのである。

資料6-2　4名の利用者への私の一週間の取り組み（広瀬）

先週月曜日から金曜日までの5日間に私が取り組んだ担当利用者への支援について報告します。

① Aさんについて

Aさんには、見守りと気づきを心掛けている。Aさんとのコミュニケーションには心掛けることがあるようで、困ったことがあるようであれば、必要に応じて支援をするというスタンスを貫いた。Aさんとのコミュニケーションには心掛けることが心掛けることが担当利用者だと赴任直後に説明された。そう理解している毎日その難しさを感じている。特に、こちらの思うようには絶対に反応してくれないという事が身に染みている。Aさんは誕生日にこだわりがあり、昼休み等には誕生日以外の話題しようとするが、どうしても話してくれない。しかし、他の人と交流をもつには誕生日以外にも関心をもってもらわないといけないと考えている。作業は、壁を向いて順調にこなされている。作業における工程表を怠りなく準備して説明することを心掛けた。

② Bさんについて

Bさんも、見守りと気づきを心掛けなければならなかった。水曜日に作業中パニックを起こされた。別室でタイムアウトして休んでもらったが、パニックの原因が未だにわからない。Bさんとは今まではほとんど話ができていない。身体も大きく、力が強いのでパニックの時にはどうすればよいかわからない。ちょっと苦手意識があることに気づいた。

③ Cさんについて

Cさんとはコミュニケーションをよく心掛け一緒に作業をした。大変穏やかに過ごされ、作業も順調にこなしている。昼休みにも他の利用者としゃべりをされ、話を楽しそうにしている。私が、他の利用者の支援で作業を離れていても、作業を着々と自分で決めているノルマで達成している。ただ、私服しかけると、アイドルのことなどは楽しそうに話すが、家族やご自分のことはほとんど話さない。

④ Dさんについて

Dさんは大変しっかりしており、自分の目標をしっかりともっている。支援することがあまりなく、不安も出さない。私が他利用者の方の対応についてどうしようかと悩んでいるときは、「大丈夫ですよ」と声をかけてもらい、「主任さんに言ったらよいよ」と適確なアドバイスをもらった。どちらが支援者かわからない状況であった。就労移行を目指して長いが、どのようなニーズを抱えているのが私にはわからない。ちゃんと話をすればよかったという思いも考えている。

第6章 スーパーバイザーになる

資料6-3 （Dさん）のアセスメントシート

① 名前・生年月日・住所等の基本的情報	（省略）
② 家族背景・家族関係等	3人家族。両親と本人が同居している。父親の転勤が多く、転々と転校していた。現在は父親は退職している。母は専業主婦。近くに父方の祖父母が住んでいる。両親祖父母とも健康である。家ですでは明るくふるまっている。あまり両親と話をしない。姉が一人いるがすでに他県に嫁いでいる。
③ 他者との対人関係のあり方	よく話をするが、初めての人にはあまり本音を語らない。優等生的な受け答えが目立つ。利用者の中では浮いている印象がある。特定の職員には本音を話すが、その時膝の訴えることが多いと聞いている。
④ 身体的機能と健康状態	中肉中背で健康である。毎日往復4kmの道のりを歩いて通勤している。
⑤ 知的機能と教育的背景	中度知的障害と認定されている。療育手帳B所持。養護学校（特別支援学校）高等部卒業。在学中は生徒会の役員をしていた。欠席や遅刻早退はほぼ無く皆勤賞に近かった。
⑥ 情緒的機能	中々、本音を語らない。心を開かない印象がある。「大丈夫です」が口癖である。
⑦ 問題解決の能力	現実的な問題解決能力は高いと思える。ただ、解決方法が自分の中でぐるぐる回っている感じがする。何をしてほしいか言えない。
⑧ 職業と経済的状況	就労移行支援を行っているが、中々次のステップに行けない状態が続いている。
⑨ 居住状況と社会的移動の状況	両親と同居。生まれてからずっと今の家に住んでいる。
⑩ 栄養状況と住居の安全性	良好。食事や衣服、掃除の世話は母親がやっている。
⑪ 印象と総合的所見	大変明るい印象があるが、時々考え込んでいることもある。自分は大丈夫であるというアピールが多く、支援を求めてこられない。無理をして明るくふるまっているという印象がある。大変頑張り屋さんである。弱みを見せられない。
⑫ 援助を受ける理由	あまり自分の要求を出さず、大丈夫であるという姿勢が目立つ。しんどいことがある様子がある。次のステップに進みたいが、中々次のステップに進めない。

101

第2部　スーパービジョンの実践に向けて

⑬ 問題・ニーズ（箇条書き）
1) 職員に自分の思っている事、してほしいことが伝えられない。
2) 決まった手順が乱されるとパニックな気味になる。
3) 落ち着いて食事の後の休憩ができない。
4) 家族のDさんの理解が不足している

ゴール
1) 職員に自分の思っている事、してほしいことが伝えられるようになる。
2) 常に決まった手順ができるようになる。
3) 落ち着いて食事の後の休憩ができる。
4) 家族にDさんの理解を深めてもらう。

プランニング

1) について
いつまでに　→3カ月以内に　週に2～3日
誰が　　　　→Dさんと広瀬ワーカーが
どこで　　　→休憩室で
何を　　　　→一緒に過ごし
どうするのか→少しずつ話をする中で、思っていることしてほしいことを知る。

2) について
いつまでに　→1週間以内に
誰が　　　　→Dさんと広瀬ワーカーが
どこで　　　→作業場で
何を　　　　→決まった手順との毎日の確認方法を
どうするのか→話し合い、決める。決めた手順は毎日朝2人で確認する。

3) について
いつまでに　→1カ月以内に　2～3回
誰が　　　　→Dさんと広瀬ワーカーが
どこで　　　→食堂で
何を　　　　→食事の後の時間の過ごし方のFさんの希望を
どうするのか→話してもらい、それを実現するための方法を一緒に考える。

4) について
いつまでに　→3カ月以内に
誰が　　　　→広瀬ワーカーがFさんのお母さんと
どこで　　　→事務所にて
何を　　　　→話し合い
どうするのか→Fさんの思いや考えを代弁し、話し合う。

第6章 スーパーバイザーになる

資料6-4　スーパービジョンシート例（スーパーバイジーが記入）

年月日	ケース名（Dさん）	スーパーバイジー：広瀬	スーパーバイザー：山口
スーパービジョンを受けたい事柄	Dさんは、なかなか本音を語らず、いつも「大丈夫です」と言っている。しかし、自分が思われていることがあるが、それを言ってはいけないと思っているようだ。職員が機会あるごとに聞いても要求を言わない。 何か考え込んで、元気がないと思うことがたびたびある。Dさんが本音で話をして、自分の思いを表してほしい。 これらのことが、Dさんが次のステップに中々行けないことと関係あるのではないかと思われた。		
スーパービジョン内容	Dさんが何を考えて、思っておられるのかは、中々語ってもらえないような状況を日常的につくることが重要である。 話ができる機会を得て、できるだけ話し、比較的話しやすい家族関係と関わっているかもしれない。 時間を長くもてるよう心掛ける。Dさんが、話すのが楽しいと思われることが重要である。 Dさんが優等生的な受け答えをされるのは、家族との関係かも知れず。今後はこのことも視野に家族（特にお母さん）へのアプローチも考える。		
スーパービジョンを受けて理解したこと	① Dさんに話すことを楽しいと思ってもらえるような状況を日常的につくることが重要である。 ② Dさんが本音を話さないことは家族関係と関わっているかもしれない。 ③ 以上のことは長い年月を経てきたので、短期間では解決しない。じっくり焦らないで対処することが必要。 ④ 同じ方針を維持し続けることも必要。 ⑤ ワーカー側もDさんと話をすることが心から楽しいと思えることが大切ではないか。		
支援の変化（1週間～1カ月後に記入）	昼食後の休憩時間の15分はほぼ毎日雑談をしている。Dさんの好きなアイドルや音楽のことが多い。最初のうちはそれも中々話してくれなかったが段々と打ち解けてくれるようになっている。家族の話題も時には出るが、できるだけ深刻にならないように心掛けている。姉が好きで、姉の話題は多く、今は中々会えないと寂しそうである。それらを傾聴し、できるだけ共感に努めている。（約3週間後に記入）		

103

第2部　スーパービジョンの実践に向けて

資料6-5　スーパービジョンシート例（スーパーバイザーが記入）

年　月　日	ケース名（Dさん　　　　）	スーパーバイジー：広瀬	スーパーバイザー：山口
スーパービジョンを受けたい事柄	Dさんは、なかなか本音を語らず、いつも「大丈夫です」と言っている。しかし、自分が思っていることがあるが、それを言ってはいけないと思っているようだ。職員が思う機会があると要求を言わない。何か考え込んで、元気がないと思うことがたびたびある。自分の思いを表してほしい。これらのことが、Dさんが次のステップに中々行けないことと関係あるのではないかと思われた。		
スーパービジョン内容	まず、Dさんの本音を話さないこと、さらにそれがDさんの大きなニーズに関わっていることに気づけたのは大きな評価ができる。家族の存在がそこに関わっているかもしれないことに思いを至らせたのはとても良かった。Dさんは特定の職員には少し本音（愚痴に近い）を語るが、それ以外の職員には心を見せようとはしない。成育歴や家族関係の影響が大きく、中々対処することは難しく、手を付けられていなかった。焦らないで心を開くことにじっくり取り組み日常的に雑談などを話せる関係を築くことから始めることがよいと考えられる。		
スーパービジョンを受けて理解したこと 評価	Dさんのニーズのメカニズムについて理解ができ始めている。また、実際的なやり方については理解が進んでいる。		
支援の変化 （1週間〜1カ月後に記入） 評価	約1カ月後 Dさんの状況はあまり変化がない。しかし、休憩時間の雑談を観察した時に、スーパーバイジーの言うように徐々に打ち解けてきている様子がうかがえる。スーパーバイジーも意識して努めていると言っているが、傾聴、共感の姿勢が示され、Dさんの話すことの動機づけが促進されていると考えられる。		

第7章　スーパービジョンを展開する

　本章ではスーパービジョンの展開について，主に一つの事例の過程に沿いながら，その実際をみていきたい。特にスキルをどのように使うのか，シートの例などを織り交ぜてその展開を述べていく。

1　ある高齢者の在宅サービス事業所の事例

　右半身に障害があるAさん（女性利用者：78歳）はデイケアを週3回利用している。失禁があるが，トイレ誘導でその多くは防げている。長男家族と同居しているが，長男の妻と長年確執があり，Aさんのケアは長男が行っている。長男の妻はまったくAさんの介護に関与していない。デイケアを利用し始めて3カ月経つが，衣服はいつも汚れ，季節に合ったものを着られていない。オムツは長時間同じものをされているとみえて，汚れたまま通所されてくる。食事も本人に聞くと「朝夕，菓子パンを食べている」とのこと。デイケアがない日はお昼ごはんは食べられないこともあると話す。ネグレクトの疑いがあるが，対応ができていない。

2　職員のアセスメントとプランニング

　この問題に対応するためにB職員が以下のようなAさんとその家族への支援を担当することとなった。また，困難ケースであるという認識から，個別スーパービジョンをすることを決め，C主任がスーパーバイザーとなった。

C主任はB職員にアセスメントとプランニングをするよう指示した。

（1）アセスメント

通所されたときの状況の記録，家族状況，バイタルサイン，健康診断などから現在の状況を把握し，そこにおける問題点・ニーズを明確にした。その結果以下のようなAさんとその家族のニーズが把握できた。

> ① Aさんの生活においてネグレクト（介護放棄）がある。
> ② Aさんがデイケア以外は外出せず，家に閉じこもりがちであり，他の人との交流が極端に少ない。
> ③ Aさんが抑うつ的である。
> ④ 家族関係が調整できていない。
> ⑤ 長男が一人で家庭での介護を担っている。
> ⑥ デイケアと家族のコミュニケーション不足がある。

（2）プランニング

アセスメントに基づき，プランニングをする。ニーズが解消される状態をゴール（タスク）として，それぞれについて具体的に計画を立てた。以下はニーズから出てきた支援のゴールである。

> 1）ネグレクトが解消される
> ① 家族(長男)と話し合いネグレクトの認識を持ってもらう(動機づけ)（3カ月）。
> ——B職員
> ② ①が完了したら，ネグレクト解消のためのサービスを紹介する（6カ月）。
> ——Dケアマネジャー
> ③ 話し合いの中で，家庭でできる効果的な介護方法を学習してもらう（3カ月）。
> ——デイケア主任
> ④ 話し合いの中で家族関係の調整の必要性を認識してもらう（3カ月）。
> ——B職員

2）Aさんが家に閉じこもらず他の人たちと交流ができる
　① デイケアで他の人との交流を促すような働きかけをする（3カ月）。
　　　——デイケアスタッフ
　② ご本人の希望される活動について話をする（3カ月）。
　　　——デイケアスタッフ
　③ ケアマネジャーと協働し希望される活動で実現可能なものは支援して実現させる（他サービスの利用も視野に）（6カ月）
　　　——デイケアスタッフ　Dケアマネジャー
3）Aさんの抑うつ状態が解消される
　① 精神科医の診察をうけ，治療が必要かを確認する（2週間）。
　　　——Eデイケア相談員
　② 必要である場合は受診を続ける。
　③ 必要ないと判断された場合は，ご本人の話を聴く時間を十分にとり，共感し寄りそう（3カ月）。
　　　——Eデイケア相談員
4）家族関係が調整される
　① 長男と話し合い，家族関係の状況を正確に把握する（2カ月）。
　　　——B職員
　② 長男と話し合い，家族関係の不調整の現状について話し合う（2カ月）。
　　　——B職員
　③ 長男と話し合い，ネグレクトの状況が解消できる程度の家族間の協力のあり方を確認する（3カ月）。
　　　——B職員
　④ 長男と話し合い，実際に協力が得られるよう働きかける（3カ月）。
　　　——B職員
5）クライエントが一人で家庭での介護を担っている状態を解消する（負担が過重）
　① 長男と話し合い，過重な負担の現状について話し合い，その解消に向けての方法について話し合う（3カ月）。
　　　——B職員
6）デイケアと家族とのコミュニケーション不足を解消する
　① 長男に連絡をとり，話に来てもらう（2カ月）。

──B職員・Eデイケア相談員
　② 長男の話を丁寧に傾聴し，「話す」ことの動機づけをはかる（3カ月）。
　──B職員・Eデイケア相談員

　以上のプランニングを実施することとした。そこでの戦略は以下のとおりである。要約すると，

① 送迎の折にAさんの衣服とオムツについて事情を聞く（長男と）。また，一度話をする機会を作ることを提案する。応じてもらえない場合には応じてもらえるよう働きかける（1週間以内）。
② 長男と一度ゆっくり話をできる機会を作ることを提案し，受容的な面接を心掛ける。
③ 状況を明確に把握し話をし，長男の気持ちを受容しつつ，ネグレクトの状況の解消に向けての方法を共に考え，長男の気持ちに沿って今後の方向性，利用可能な他のサービスについて情報を提供する。
④ まず，長男に少しでも他の家族が協力してくれるよう，家族関係の調整を行うよう動機づけることを目標とする。その際，長男の気持ちに沿って話をすすめる。

　ここで，もう一度スーパービジョンのスキルについて確認していきたい。スーパービジョンのスキルは表7-1にまとめている。

3 スーパービジョンの展開過程

（1）スーパービジョンの開始──第1回スーパービジョン

1）スーパービジョンの概要

　プランニング後7日目のスーパービジョンの折に，Cスーパーバイザーが，B職員に，送迎の折に長男さんと話をしてきていただけることになったかを確認した。B職員は「長男さんには話をしようとしたが，小さな声で『服の

第7章　スーパービジョンを展開する

表7-1　スーパービジョンのスキル

1　ワーカーの考えを把握するスキル
　　「ワーカーは何を考えているのか？」
　　　　　　↓
　　ワーカーの考えの焦点化
　　　　一般的なこと→このケースに関すること（具体化）
　　　　傾聴・問題把握のための質問・沈黙や抵抗の理解
　　　　スーパーバイザーの意見を抑え，ワーカーの言うことを傾聴する

　　（例）・あなたはこのケースのニーズを何だと捉えているのか？
　　　　　・あなたはこのケースをどう展開していったら良いと思っているのか？
　　　　　・利用者はどうしてほしいと思っていると考えているのか？
　　　　　・その他の（家族等）人はどうしてほしいと考えているのか？
　　　　　・あなたは，それらの人々にどうなっていってほしいのか？……

2　共感的応答のスキル
　　「ワーカーは何を感じているのか？」
　　ワーカーの感情の理解
　　ワーカーの感情を理解し受け容れたことを示す
　　ワーカーの感情の言語化

　　（例）・このケースを担当していてあなたはどのような気持ちなのか？
　　　　　・しんどいのか？
　　　　　・この利用者に会っているとどのような気持ちなのか？

3　感情を分かち合うスキル──スーパーバイザーが弱み・怒り・肯定的感情を表出する

　　（例）・私もこんなことで困っていたよ。
　　　　　・私もできなかったよ。
　　　　　・私はあなたが〜しないので腹が立つ。
　　　　　・私はあなたが〜できるようになったのでうれしい。

4　仕事を促進させるスキル
　　　対決の促進
　　　焦点の持続
　　　幻想の指摘
　　　ワーカーの関心の部分化（具体化）
　　　不自然な同意の検証（クライエントへの迎合などのチェック）

　　（例）・どうして予定通り進まないのか？
　　　　　・このケースのニーズとプランは何だったのか？
　　　　　・自分の思いと現実はどのように違うのか？

第2部　スーパービジョンの実践に向けて

> ・あなたはこのケースをどう分析しているのか（具体的に）？
> ・自分でやっていて変だと思うことはないか？
> ・どうしてここでクライエントに同意したのか？
>
> 5　障害を指摘するスキル
> 　　タブー領域の扱い
> 　　権威の取り扱い
> 　　その他
>
> 6　情報を的確に提供するスキル
> 　　処遇に関連する知識や情報の提供
> 　　学習しなければならないことへ注意を向け，それを持続させる
> 　　自由な話し合いの中での情報の提供
>
> 　加えて，ワーカーの支援の姿勢，支援の考え方，目線，価値・倫理，の理解とフィードバックなどがある。

出所：Shulman（1982：89-159）．

ことで……．』といったら無視された。このことを言えば，拒否されるような気がして……，また，デイケア自体に来られなくなるのではないかという気がして，それっきり働きかけていない」と答える。スーパービジョンにおいてそのことについて話し合い，とりあえず，1週間以内に，長男と最初の接触をすることとした。

　2）コンフロンテーション（直面）

　まず，仕事をすすめる際に，あまり気が向かない事や，することが大変辛い事については，何かの理由をつけるなどして，それを先延ばしにしたり，回避することがある。このような場合，スーパーバイジーの状況を見極めながら，なすべき仕事にちゃんと取り組めるように支援する必要がある。このような仕事を促進するための支援を，スーパービジョンでは多用する。その際，スーパーバイジーの気持ちに寄り添い，共感しつつ，どうすれば行うべき仕事に取り組めるかを考え，励まし，実行させるよう支援する。このような行うべき仕事への取り組みを促進することを，コンフロンテーション（直面）という。

事例の場合，スーパービジョンのスキルを活用して，スーパーバイジーの気持ちを傾聴し，共感しつつ，「長男と話をすること」についての計画，戦略，シミュレーションなどを行う。シミュレーションではロールプレイ等を用いることが効果的である。クライエントがどのような反応をするのかをシミュレーションしつつ，対応についてスーパーバイザーとスーパーバイジーが話し合い，ロールプレイするのである。また，どのようなことに気をつけるのかについて話し合い，戦略を立てることも有効である。

このようなことをしても，直面ができない場合は，「なぜスーパーバイジーが直面できないか」について話し合う。それは指導的あるいは批判的ではなく，スーパーバイジーの思いや感情に寄り添い，どうこの課題を解決するかを共に考え進めていく姿勢を保ちつつ進めていく必要がある。そして少しでも直面ができ，仕事をすすめることによって，スーパーバイジーは少しずつ自信を得ることができ，仕事に前向きに取り組むことができるのである。このようなスーパービジョンを重ねることによって，スーパーバイジーは自己理解や自己覚知をすすめ，さらに仕事をする上での不安の軽減などに至ることができる。

このコンフロンテーションにおいて，使えるスーパービジョンのスキルは，以下のような言葉で表すことができる。

① ワーカーの考えを把握する質問例
・あなたはこのケースをどうしていったらいいと思っているの（展開していったら良いと思っているの）？
・このケースの結果がどうなることが良いと思っているの？
・長男はどうしてほしいと思っていると考えているの？
・あなたはどうなっていってほしいの？
② 共感的応答の質問例
・あなたは長男と話をしようとするとどんな気持ちになるの？

第2部　スーパービジョンの実践に向けて

　　　・しんどいの？
　③　仕事を促進させる質問例
　　　・どうして予定通り進まないと思うの？
　　　・自分の思いと現実は違うのか？
　　　・自分でやっていて変だと思うことはないの？　あればそれは何か？
　④　障害を指摘する質問例
　　　・あなたは，どうして長男と話し合うことが思い切ってできないと思うの？
　　　・長男と直面することが怖いのか？　なぜ怖いの？
　　　・なぜ長男の気持ちに踏み込んではいけないと思ってしまうのか？

などである。

（2）最初の接触――第1回目面接

　1回目の接触が行われた（送迎の折にワーカーが思い切って声かけをし，丁寧に話を聴いていくことで長男が話をすることに応じてくれた）。

　最初の面接は，デイケアの一角で約25分行った。クライエントは最初大変警戒していたが，一人で介護を担っていることの大変さを傾聴し，共感的に理解すると，「今のままではいけないと思っているが，どうしようもない」と苦しい胸のうちを吐露した。ワーカーはそれを丁寧に傾聴し，共感，受容し，「これからのことを話し合っていく」ことの重要性を説明し，一応の了解を得て次に会う日を設定した。

（3）スーパービジョンの効果の確認――第2回スーパービジョン

　まず，自分の課題に直面できたことへの評価を行った。スーパーバイジーは「少し自信ができました」と答えた。クライエントの自己評価，感じたことについて話し合った（⇒共感）。

① 傾聴・共感に関して
  ・警戒を解き，大変さと感情の吐露にこぎつけたことへの評価をした。
  ・逐語記録等を用い，技法についてのスーパービジョンを行った。このことは，面接技術能力の強化をもたらした。
② 次回面接についての準備
  ・次回面接の目的の確認を行った。次回は今までの経過やそのことへのクライエントの気持ちを共感しながら丁寧に聴くことを第一の目的とすることを確認した。
  ・次回面接の戦略について話し合った。とりあえず，①終始共感的に対応する，②次の段階にすすめることを焦らない，③クライエントの感情に寄り添うこと，④次回面接についてアポイントメントを確実に取ること，を確認した。

（4）クライエントの意見を傾聴──第2回目面接

1週間後にアポイントメントどおり約45分の面接を行った。

まず，家庭での状況をクライエントから詳しく聴いた。クライエントは「自分はひどい目にあっている。これも母自身が悪い。以前に母が妻をいじめたので，妻は母に対して口をきかず，関わらなくなった。母が元気な間は良かったが，倒れてからは自分が一人で介護を担い，とても大変である」「母が倒れた後退院してきたときに，妻に介護をしてくれるよう頼んだが拒否された」「施設入所も考えているが，待機が多くてどうしても入れてもらえない。日本の福祉はどうなっているのかと思う」「中途半端な障害なので，施設や病院に入れてもらえない。もっと重くなったら話は簡単なのだが……」「自分は会社でも忙しく，母のために早く帰ったり，遅く出社すると，リストラの対象にもなりかねない」「本当に母のためにひどい目にあっている」等と立て続けに述べる。

ワーカーは傾聴し，共感を示した。しかし，服やオムツのことに触れると，

「自分は一生懸命やっている。これ以上どうしろというのですか？」と語気荒く述べる。ワーカーが「あなたを責めているのではなくて、今後のことをどうするか、共に考えていきたい。私たちにもできることもあるし、他のサービスも利用できる。ケアマネジャーにも相談できる」等と話すと、少し落ち着き「自分でもこのままではいけないと思っていた。でも責められているような気がして、感情的になってしまった。自分でもいっぱいいっぱいだ。他のサービスのことも考えるが、手続きのことなどを考えると億劫になっている。デイケアが利用できるまでも大変だった。仕事をしながらの自分には時間がない」と述べる。ワーカーはその気持ちに共感し「今後の面接でもっと話し合い、どうしたらよいかを共に考えましょう」と述べ、面接を終了した。次のアポイントメントは2週間後に約束をした。

（5）良かったことのフィードバック──第3回スーパービジョン

第3回スーパービジョンでは、まず、準備された記録をもとに、この面接についての評価を行った。特に、良かった点のフィードバックを行った。特にクライエントの気持ちに寄り添い共感を示せたことでクライエントがたくさん話してくれ、状況の確認が進んだこと、さらにクライエントが気にしている服やオムツのことを話題にした時に、共感的に対応し「責めているのではなく、これからのことを共に考えたい」と述べて、クライエントに話すことへの安心をもたらし、「このままではいけないと思っていること」「感情的になっても大丈夫なこと」「感情的にならなくても大丈夫なこと」を実感してもらうことができたことを確認した。さらに、「次回面接において共に考えましょう」と言い、クライエントの同意を得たことで、次回、面接やその後の支援への動機づけを行った。

さらに、服やオムツなどの問題点の指摘に直面したことによって事態が進んだことについてスーパーバイジーは「ふれてはいけないと心のどこかで思っていたことに気づき、その躊躇は自分の思い込みによるものだとわかりま

した」と述べた。このことは支援において，踏み込むことが躊躇してしまう自らの傾向を覚知することを促し，さらにそれが思い込みであることの理解を促した。

　さらに，アセスメントとプランニングの確認をし，「フェルトニーズ」と「ノーマティブニーズ」の確認をした。次回面接について，焦らずこのまま共感的に傾聴しできるだけクライエントの感情を出してもらい，それについて話し合うことを主眼に進めていくが，クライエントの聞きたいサービスに関する情報を提供すること，できれば気がかりなことについて話し合うことと話し合った。

（6）クライエントの気持ちとすれちがう——第3回目面接

　クライエントは約束に時間にやってきた。今の状況を共感的に傾聴したのち，新しいサービスの情報を提供するが，「妻がなんと言うかわからない」と消極的である。再度，妻と母との確執についてその経過を丁寧に傾聴し，共感した。クライエントは母のことは気がかりであるが，自分ではどうしようもないと，そのアンビバレントな気持ちを吐露した。ワーカーは「デイケアのスタッフから，Aさんが最近抑うつ気味で元気がないと聞いたが，クライエントが何か気づいている」かについて質問した。クライエントも「実は元気がないと思っていた。家でも食事をあまり取らないし，お菓子なら食べるのでお菓子を置いている。睡眠時間も少ないようだ」と答える。食事について尋ねると「コンビニの弁当を買っている。自分も同じものを食べている。妻は食事を作ってくれないので仕方ない」と述べる。ワーカーが「コンビニのお弁当では，あなたもお母さんも健康状態が心配ですね」と述べると，クライエントは「自分でもこんなことではダメだとわかっているのだけれど，どうしようもなくしかたないでしょう」とまた語気荒く話す。

　再び，新しいサービスの利用でそのような事がある程度解決できるのではないかという提案をするが，クライエントは黙り込んでしまう。ワーカーは

少しあわてて,「別に,強制しようと思っているわけではないのです。気になさらないでください」という。クライエントはあいまいに笑い,何か言いたそうにしていたが,約束の時間になったこともあって帰っていった。次の約束をしようとしたが,クライエントの方からまた連絡するとの事であった。

(7) クライエントの気持ちに気づく——第4回スーパービジョン

まず,傾聴共感を中心にしつつ,現実の問題への対処について話し合うことができたことの評価を行った。この面接でのワーカーの自己評価,感じたことについて話し合った。その結果傾聴・共感に関して,信頼関係の深まりとともに,さまざまな気持ちの吐露や問題への直面が少しずつ可能となったことが,スーパーバイジーから語られた。しかし,「コンビニのお弁当では,あなたもお母さんも健康状態が心配ですね」と言う自らの発言が,クライエントを興奮させ,考えを後ろ向きにさせたというスーパーバイジーの発言があった。スーパーバイザーは「あなたはこの時クライエントがどのような気持ちであると思うのですか？」と質問した。スーパーバイジーはしばし考えてゆっくりと「私がクライエントの立場に立ったら,責められていることも感じるのですが,自分どうしてこんなことになっているのかという情けない気持ちと,どうにかしていかないといけないという気持ちがすると思います」と答えた。「何か言ってはいけないことを言ってしまったと思っていたのですが,そうではなくクライエントの気持ちの変化を少し促したということもあるのだと思いました」と述べた。

また新しいサービス利用の提案のあとの「沈黙」についてスーパーバイザーは質問した。「なぜクライエントは沈黙をしたと思いますか？」。スーパーバイジーはしばし考えてから,「私がサービスを無理に勧めたと思われたからだと思っていましたが,今考えるとクライエントはサービス利用のことを真剣に考えられたのではないかと思ってきました」。スーパーバイザーは「では次回どう対応したらよいと思いますか？」と質問した。スーパーバ

イジーは「とりあえず，沈黙のことを取り上げます。そしてクライエントがどう思われていたのかを聞き，私の対応がすれ違っていたことを謝ります」と答えた。スーパーバイザーはそのことを評価し，次回面接の目的を確認した。スーパーバイジーは「クライエントの思いを傾聴し，何を求めておられるのかを一緒に考えます」と答えた。スーパーバイザーはそれに同意した。さらにまだとれていない次の面接のアポイントメントについてどうするのかについて質問した。スーパーバイジーは「2週間経つ頃に連絡するか話しかけ面接を促します。ただし無理強いはせず，クライエントのペースに合わせます」と答えた。スーパーバイザーはそれに同意し，スーパービジョンを終えた。

（8）クライエントとの共感を実感する──第4回目面接

前回の面接から1カ月半が経っている。クライエントから連絡がなく，ワーカーの方から3度連絡し，面接が実現した。

面接の最初に，ワーカーは前回，新しいサービスを提案したときに，あまりクライエントの話を聴かなかったようで，気になっていると話した。クライエントは「いいえ，なんとなくスルリと終わってしまったので，少し考える時間がほしかったのですが……。ちょっとしんどかったです」と述べた。ワーカーが「そのことを，もう一度話し合いたいのですが」と話すと，クライエントは「どんなサービスが受けられるのかを具体的に教えていただけませんか？　私はご存知のようにとても忙しくて，いろいろ調べる時間や手続き等に出向く時間がなかなか取れません。だから，躊躇してしまうのです」という。ワーカーは「わかりました。あなたがとてもお忙しいことは知っています」と述べて，受けられそうなサービスについて説明をした。

クライエントは，「まだ妻と相談をしなければならないのですが，私としてはホームヘルパーさんをお願いしたいのですが，どうすればよいのでしょう？」と聞いてきた。ワーカーはケアマネジャーに連絡をとりクライエント

への説明と利用する場合の手続きを依頼できると伝えた。クライエントは「まだ妻がなんと言うかわかりませんが，一度お話を聞きたいと思いますので，（連絡を）お願いします」と答えた。

　その後，ワーカーはクライエントが妻とどう相談するかを聞いた。クライエントは「取り付くシマもないという感じでしょう」「これも母が悪いのですが……」と述べ，今までの確執の経緯を再び話し出した。ワーカーは丁寧に傾聴し，クライエントの板ばさみになって辛かった気持ち，現在もそのことで大変な思いをしている気持ちに共感した。そしてなかなか言い出せないだろうというクライエントの言葉を受けて，どのようにしたら言い出せるかの戦略を共に考えた。ワーカーはいくつかの方法を提案したが，クライエントはなかなか同意しなかった。クライエントは「なかなか難しそうなので，また考えます」と述べ面接を終えた。ワーカーは何かもの足らず，自分が拒否され，「駄目だ」といわれたような気持ちになった。次回面接は2週間後に約束した。

（9）自分の気持ちに気づく──第5回スーパービジョン

　まず，スーパーバイザーは前回の面接での沈黙の扱いの対応ができたことを評価した。大変的確な対応であったために，クライエントは新しいサービスを利用することを考えはじめ，ケアマネジャーに相談するということにこぎつけたことを評価したのである。また，それに関する母と妻の確執についてのクライエントのつらさを共感したことも評価した。ただ，スーパーバイザーは妻への働きかけをどうするのかというところで，いろいろ戦略を提案したが，クライエントの同意が得られず，「自分が拒否され駄目だと言われたような気持になった」ことを取り上げた。「あなたはこのケースがどのように進んだらよいと思っているのですか？」とスーパーバイザーは聞いた。スーパーバイジーは「クライエントの気持ちに沿って，クライエントのペースで家族との調整やサービスの利用が進めることですよね。私が焦りすぎて，

私のペースで進めようとしていました。クライエントには申し訳ないと思いました」と答えた。スーパーバイザーが「では、この時どうすればよかったと思いますか？」と尋ねると、「クライエントの考えや意見を丁寧に何度も聞き、一緒に考えたらよかったと思います」と答えた。スーパーバイザーは「そのような方針を忘れずに進めていけばいいと思いますよ」と支持した。

（10）変化の訪れ——第5回目面接

2週間後クライエントは晴れやかで、落ち着いた様子で面接に臨んだ。

この間朝デイケアにやってこられるときには、きれいなオムツをつけてやってこられるようになった。また、下着や服も新しいものを着てこられるようになり、Aさんの表情も少しずつだが明るくなってこられた。面接では、まず、この間の変化について取り上げた。

大変良い変化が現れていることを評価した。クライエントは笑顔で、「妻に母の服について相談したら、口げんかになったが、その後妻が今着られる母の服を買ってきてくれ、古い服はすべて捨てた」と答えた。「オムツについては自分が気をつけて換えるようにしているが、時々まだ失敗している」と答える。また、新しい服は、決まったかごに入れておくと妻が洗濯してくれるようになったということであった。そのことについてまだ話し合えていないが、妻に礼を言うつもりであるということである。

ワーカーはこの変化を評価し、妻と話し合えたことを共に喜んだ。さらに、前回ワーカーが、新しいサービスのことを妻に話し合う際の工夫についてクライエントの意見を聞かなかったことを謝った。クライエントは「どうしたらよいのか全くわからなかったのです。今もわからないのですが、そんなことはどうでもよいと思えてきました。妻にはとりあえず言葉を尽くしてお願いします。ですので、ホームヘルパーさんをお願いしたいのですが、どうすればよいのでしょう？」と聞いてきた。ワーカーはケアマネジャーに連絡をとりクライエントへの説明と利用する場合の手続きを依頼できると答えた。

クライエントは「まず,説明をお願いします」と答えた。

まだ,妻は食事の支度をしてくれず,相変わらず自分の仕事も忙しいが,少し見通しがついてきたと話す。ワーカーはそれを傾聴し共感を示した。次回は1カ月後とした。

(11) 信頼関係の重要さに気づく——第6回スーパービジョン

現実面での肯定的変化が表れ,現実の問題への対処について話し合うことができたことへの評価をした。スーパーバイジーは共感傾聴を繰り返していくことで,クライエントの心理的混乱が収まり,クライエントがどうすれば現状の打開ができ,母も自分も妻も何とか生活がまわることになるかを考えだした。ワーカーの自己評価,感じたことについて話し合うと「自分が思っていたのとは違い,クライエントがどうされるのかはワーカーではなくクライエント自身がその答えを知っておられることがわかりました」と述べる。

つまり,信頼関係の深まりとともに,クライエントはさまざまな気持ちの吐露や問題への直面が少しずつ可能となったのである。スーパーバイジーはそれを実感できてきた。スーパーバイザーとスーパーバイジーはそのことを話し合って今後の支援について確認した。

(12) 現実的変化にふみだす——第6回目面接

1週間後,クライエントから連絡が入った。相談したいことがあるので面接を早めてほしいということであった。その次の週に時間をとり,面接をした。

クライエントは,ケアマネジャーに連絡を取り,ホームヘルパーを頼むことについて,妻にどう切り出せばよいかについて,相談がしたいということだった。

ワーカーはまず,どのようなことが不安かを尋ねた。クライエントは拒否され,今やってくれている洗濯もしてくれなくなるのではないかと思ったら,

なかなか切り出せないと述べる。ワーカーはクライエントとどうするべきなのかを共に考えた。

　ワーカーは「どうすればよいか，あなたの案はありますか？」とたずねた。クライエントは「こう決めた，って言わずに，ホームヘルパーを頼むことについてどうすれば良いと思うか妻の意見を聞くのがよいのではないかと思います」と答える。ワーカーは「どうすればよいかと意見を聞いたら奥さんはどのように答えられると思いますか？」と尋ねた。

　クライエントは「そうですね，拒否されるような気がしますね。人が家に入ってくるのは嫌だっていわれるような気がします」と答える。クライエントはしばらく考えて，「それと私がやらない事へのあてつけなのか，と怒る気がします」という。ワーカーが「そうですね，奥さんに拒否されるような気持ちになられるのですね。それはわかるような気がしますが，ここは奥さんの気持ちをよくお聞きになったらいかがでしょうか。こうに決まっていると決め付けずに，いろいろな，今までの確執について奥さんの立場に立って聞いてあげればよいと思います。その上でこれからどうすればよいか話し合われたらいかがでしょうか？」と言うと，クライエントは「そうですね，妻も今は言いませんが，いろいろな思いがあると思います。私は巻き込まれるのが嫌で，母と妻のことは，まったく関知しませんでしたから……。私が一番悪かったのかもしれません。妻や母を責めてばかりいましたから……」と言って，しばらく黙り込み，「一度妻と話してみます」といい，帰っていった。次のアポイントは次回決めていた日時であった。

(13) クライエントに起こっていることの確認――第７回スーパービジョン

　臨時に10分間のスーパービジョンを行った。スーパーバイザーはスーパーバイジーがクライエントの話をよく聞くこと，さらにクライエントの思いや考えをいろいろと聞き出し，一緒に考えていることが，クライエントに影響を与え，クライエントも妻の話を少しずつ聞くことや妻の考えを聞くことを

実践していることを指摘した。

次回はそれを評価し，クライエントの話に沿って面接をすすめることを確認した。

(14) 現実的変化の進展(1)——第7回目面接

前回の面接から妻と3回話し合ったと，クライエントは笑顔で現れた。1回目は2時間ぐらい話し合ったとのことであった。妻の気持ちや思いを聞いた。妻は訝しがったが，クライエントや母に対する怒りを表し，それを聞いて謝ったら，妻の態度が変わっていった。2回目は今後のことについての妻の意見を聞いた。妻は仕事を続けたいといい，クライエントもそれに同意を示した。そうして，母の介護もしていくためにはホームヘルパーの支援が必要だと思うが，そのことについて考えておいてほしいというと，妻は了解した。

3回目はホームヘルパーについて妻は，週に2回くらいお願いしてみてはどうかという意見を述べた。そこでクライエントはケアマネジャーに連絡を取り，ホームヘルパーを頼むことになった。妻はホームヘルパーにしてもらうことについて意見を述べ，クライエントはそれをケアマネジャーに伝えた。このことでデイケア利用が可能となり，ネグレクト状態が解消される大きな出来事となった。

クライエントはまた，妻が母と自分の分も夕食を作ってくれるようになったと報告した。ワーカーはクライエントを大いに支持し，クライエントの頑張りを認めた。クライエントは，まだまだ問題はいっぱいあるし，仕事が忙しく，なかなか対応できないが，妻が少しでも手伝ってくれそうな気配があるのでとてもうれしいと述べる。次回面接アポイントメントは約1カ月後とした。

(15) ケースのゴールの確認――第8回スーパービジョン

　まず，スーパーバイザーはこのケースのゴールを再度確認した。ここまで実践を進めてきた時点でのゴールをスーパーバイジーは「クライエントの生活のペースにあった介護生活を共に考え実現すること」と答えた。スーパーバイザーは「Aさんや妻の希望や生活のペースはどうするのですか」と尋ねると，スーパーバイジーは「それも合わせて考えないといけないと考えています」と答えた。スーパーバイザーとスーパーバイジーは話し合って，「つまりは，この家族の全員が自分のニーズを充足し，無理なく自分たちのペースで生活することができるようにクライエントを動機づけし，それを実現してもらうことである」という結論を得た。これは支援の焦点を定めるためであるという結論を得たことといえる。

　さらに，今起こってきている変化の定着のために何ができるかについて話し合った。スーパーバイジーは「とりあえず，焦らず，クライエントに共感しつつ，変化に対する評価を行い，一緒に考えるという姿勢を保ち続けます」と答え，スーパーバイザーとともに確認した。

(16) 現実的変化の進展(2)――第8回目面接

　前回の面接より，約1カ月後クライエントは約束の時間にやってきた。この間デイケアに来た時に比べて，以前よりさらに清潔にしている。オムツは新しく，衣服も洗濯されたものを着ている。さらに，Aさんもスタッフの声かけにも笑顔で答えるときが多くなってきている。「ヘルパーさんに来てもらっている」「買い物に行ってもらった」と自分から話す，などの変化があった。Aさんの表情は明るく，抑うつ的な状況は脱したと考えられた。

　クライエントはホームヘルパーを頼み2週間前から週2回2時間来てもらっていると語る。排泄介助や居室の掃除をしてもらっており，Aさんも心を開き，少し話もできるようになり，近くのお店にAさんの希望で日用品を買いに行ってもらうこともできた。Aさんは大変喜んだとのこと。それ

をAさんはクライエントに話し，久しぶりに元気な声を聞いたとクライエントは明るい顔で言う。

ホームヘルパーに関して妻は何も言わないが，拒否も示さない。その後も洗濯だけはしてくれている。洗濯をしてくれていることに関して妻に「ありがとう」と礼を言った。妻は何も言わなかったが，驚いたような表情を見せた。その後は少し会話が多くなったとのことであった。「これからも妻には礼を言っていこうと思います」。

クライエントはAさんの生活についてケアプランの表を持ってきて，「どうすれば母の生活がより快適になるかを考えています」と述べる。「前はどうしようもないので，どうにでもなれという感じだったが，今は何とか目途がついてきたような気がします」「目途がつくと何をしたらいいのかがわかってきました」などと述べる。

ワーカーはクライエントとその表を見ながら，具体的にAさんのケアについて共に考えた。衣服やオムツのことについてはほぼ解決したと考えられるような状況であることが確認された。食事についても目処が立った。居室の掃除はヘルパーさんのサービスでうまくいくと思われた。デイケアの送迎はできれば代わってくれる人がいれば助かるとクライエントは述べた。さらにデイケアの無い日はヘルパーさんに来てもらっているが，それ以外の時間のケアが大きな課題であることが確認された。

クライエントは，「何とか目途がついてきました」と何回も繰り返し述べた。ワーカーはそれに共感し，一緒に課題について考えた。次の面接も約1カ月後とした。

(17) 何をするべきかの明確化──第9回スーパービジョン

スーパーバイザーから「変化が表れ，ラポールがつき，ともすれば面接の目的が不明確になる時期，変化が起こり「安心」する時期であるので，何をするべきか明確にし，効率化をはかることが求められる」と話す。

スーパーバイジーは,「やはり,クライエントに寄り添い,共感し一緒に考えるという姿勢を保ちます。支援の目的は前回も確認しましたが,この家族の全員が自分のニーズを充足し,無理なく自分たちのペースで生活することができるようにクライエントを動機づけし,それを実現してもらうことであり,それをクライエントにも確認できるようにします」と答えた。スーパーバイザーは「変化が定着して,安心できることは良いことではあるが,そこで留まるのではなく,よりゴールに近づくことができるのであれば,それを進める必要がある」「ただ,クライエントの意向を十分汲んで,さらにクライエントの発するいろいろなメッセージを読み取る必要がある」と述べた。

　また,次の面接からは,そろそろ終結の計画に入ることを示唆する必要があると話し合った。

(18) 現実的変化の進展(3)──第9回目面接

　クライエントはアポイントの時間にやって来た。この間妻との話し合いがもてたと報告する。食事は妻が作り,クライエントが給仕している。妻とAさんは顔をあわさないが,ずいぶん楽になった。Aさんもずいぶん顔が明るい。

　あと,妻とAさんが仲良くしてくれればよいが,無理だと思うと述べる。ワーカーは無理だと思うのはなぜかを聴く。ワーカーは「あきらめないでもっと奥さんに協力してもらうことを説得したらどうでしょう」と話す。クライエントは「これ以上無理です」と述べるが,ワーカーは「どこのお宅でも夫婦で協力してこられています。あなたの負担をもっと減らすこともできると思いますよ？」と述べる。クライエントは黙り込んでしまう。

　ワーカーは違う話題に移っていった。

　ワーカーは,Aさんの近所での付き合いについて話を聴き,その人々との交流をどうしていったらよいかについて話をする。クライエントは「家に

第2部　スーパービジョンの実践に向けて

きてもらうのはちょっと無理だと思う」という。理由を聴くと，「妻が嫌がるから。Aさんと仲のよい人たちは以前に妻のことをAさんと一緒に攻撃していた」と答える。

クライエントは「これで十分です，これで母もなんとか生きていけると思います。これ以上無理です」としんどそうに答える。ワーカーは共感しつつ，「そうであっても少しでも何とかできることがあるかもしれない」ということを伝えた。

次の面接についてアポイントをとるときに，「いつまでここで話し合うのですか？」と聞く。ワーカーは「あなたの意思が第1ですが，もう少しいろいろなことが解決するまでいらっしゃってはどうですか」と答える。クライエントは同意した。次の面接は約1カ月後になった。

(19) クライエントの努力を認める──第10回スーパービジョン

クライエントの状況の変化は続いている。妻の協力も得られるようになった。そのことを十分に評価する必要があるが，何かちぐはぐな面接になったというスーパーバイジーの印象があった。その理由をスーパーバイザーは尋ねた。スーパーバイジーは「妻の協力がずいぶん得られているのに，一般的な夫婦で協力してクライエントの負担を減らすべきだと言ったことにあると思います」と答えた。「クライエントは十分これまでに努力されているのに，もっと努力をするべきだというメッセージを伝えてしまったと思います。このことはクライエントの変化への動機づけを阻害することだったと思います」と述べた。スーパーバイザーが「では，どのようにそのことをリカバーしたら良いと思いますか？」と尋ねると，スーパーバイジーは「やはりクライエントの努力を評価して，クライエントの気持ちに寄り添うことに努めます」と答え，スーパーバイザーも支持した。

(20) 残っている問題の整理——第10回目面接

　アポイント通りの時間に面接をした。クライエントは妻と話し合ったが，直接顔を合わせ，話をしながら直接ケアすることは無理だと言われたと述べる。ワーカーはクライエントのこれまでの努力を評価し，支持した。クライエントの気持ちを聴くと，「ずいぶん楽になりました。駄目だと思い込んでいたことがわかりました。妻の気持ち，母の気持ちを考えることができていなかったのだと反省しました。そんなことができるとは思わなかったのですが，それが一番大切なのだということがわかりました。そのことで私も大変楽になりました。仕事も辞めないで済みそうです」と嬉しそうに答えた。ワーカーはそれを傾聴し「私も大変嬉しいです」と共感を示した。

　その後，ワーカーは残っている問題についてクライエントの考えを聴いた。クライエントはしばし考えて，「あまりありませんね」と答えた。「妻とよく相談をすることが一番肝心だと思います。また，母とできるだけ話をして，母の気持ちも聞きたいと思います。後は私の息子と娘にも母の介護のことを話せたらと思っています」と答えた。ワーカーはそれを傾聴した。

　終了前にワーカーは，クライエントに「前回いつまで話し合うのかを聞かれましたが，今はどうお考えですか」と質問した。クライエントは，「まだ，少し自信がありませんし，できればあと何回かお願いしたいと思います」と答えた。

　次回までに，妻とまた話ができていろいろ話し合えたらいいと考えていると述べた。次回はクライエントの仕事の関係で約2カ月後とした。

(21) 評　価——第11回スーパービジョン

　10回目の面接の後に，終結に関してスーパービジョンをもった。終結のタイミングをスーパーバイザーに相談するためである。スーパーバイザーとスーパーバイジーはプランニングの記録を見ながら，共にゴール達成の状況を確認した。目標達成度の満点は5である。

- ネグレクトが解消される。

 解消途上であるが，解消の方向に向かっている。

 目標達成度：4
- 家に閉じこもらず他の人々と交流ができる。

 あまり達成できていないがクライエントはこのことをどうしたら達成できるかを考え始めている。

 目標達成度：2
- Aさんの抑うつ状態が解消される。

 ほとんど達成できている。

 目標達成度：5
- 家族関係が調整される。

 達成途上であるが徐々に達成されてきている。

 目標達成度：4
- クライエントが一人で家庭での介護を担っている状態を解消する。

 他のサービスの利用や妻の協力などで解消できつつある。

 目標達成度：4
- デイケアと家族とのコミュニケーション不足を解消する。

 ほとんど解消できている。

 目標達成度：5

という評価であった。大方の目標が達成できており，また，達成できていない場合でもその方向性をクライエントが十分理解し，何をすればよいかクライエントが対応できるだろうという結論を得た。そのため，終結についてクライエントと話し合うことを決めた。

(22) 支援を終結する──第11回目面接

約2カ月後，クライエントは来所した。ホームヘルパーさんが来てくれた

第7章　スーパービジョンを展開する

時，ホームヘルパーと妻との調整に困ったこと等を相談したが，おおむね，ホームヘルパーの活用は軌道に乗り，妻もできる範囲で介護に参加してくれるようになったということが述べられた。母の表情も柔らかく，明るくなり，何より「意欲」が出てきたことがうれしいという報告があった。息子と娘にも母の介護のことを話して，ヘルパーの利用などの理解を得たということであった。ワーカーはその変化を共に喜んだ。そして，この面接もそろそろ終結を考えだしたらどうかと提案した。クライエントは「不安はありますが，何とか大丈夫だと思います」と答えた。ワーカーは終結後もクライエントが必要だと思う時にはいつでも面接を再開できることを説明し，クライエントの希望に沿って計画的に終結することを決めた。

　その後，約2カ月に1度2回面接をもったが，おおむね肯定的な変化の報告であり，時間も短いものであった。最後の面接では，この面接のはじめからの変化を振り返り，クライエントは「妻や母の気持ちを全く考えていなかったですね。自分が被害者だと思い込んでいました。あなたが私の話を丁寧に聞いてくれて，自分の状況を初めて考えられるようになりました。ありがとうございました」と語った。ワーカーは「私も大変不十分なことしかできませんでしたが，あなたが真剣に考えてくださったことが，私にはわかりました。これから介護をめぐっていろいろ困難があると思いますが，その時はいつでも連絡してください」と面接を締めくくった。

(23) 終結に向けて──第12回スーパービジョン

　11回目の面接を含めあと2回で終了することを決めた後，2回で何をしたらよいかをスーパーバイザーに相談した。スーパーバイザーは，「あなたは何をしたらよいと思いますか？」と尋ねた。スーパーバイジーは「私もそうですが，今までの変化を安定させる自信をクライエントが得ることと，困ったことがあったらどう対処するかのシミュレーションだと思います」と答えた。スーパーバイザーは「あなたは私にもう依存しなくてもよいと思います

よ。十分あなたはこのケースの専門家ですよ」と述べた。以上で，このケースの面接とスーパービジョンは終了した。

　以上，一つのケースについて主に面接とそれに関するスーパービジョンを見てきた。
　これは一つのモデルであるが，このようにスーパービジョンは一つのケースを継続的にその過程を追って行うものである。スーパービジョンは，このような長い過程において，スーパーバイザーとスーパーバイジー（ワーカー）の継続的な相互作用の中で，支援方法（技術），価値，知識等をワーカーに獲得させて，支持的機能を活用して，教育的，管理的機能を遂行するものである。決して単発の支援の方法のアドバイスなどではない。このスーパービジョン過程を通してワーカーは成長し，クライエントには一定水準以上の標準的な支援を提供することができるのである。そのためには，ワーカーが精神的に支えられ，安定して支援にあたることが必要なのである。

第8章 スーパービジョンをめぐって

　本章ではスーパービジョンをめぐる実際的課題のいくつかについて取り上げる。前述のようにスーパービジョンはさまざまな効果をもたらす実践である。ここではまず，現在の社会福祉現場における主流の実践であるチームアプローチにおいてスーパービジョンがどう展開できるか，またよく用いられているコンサルテーションとどうすみ分けをすれば相乗的な効果をもたらすことができるのか，さらにすでに職場に定着しているカンファレンスとスーパービジョンをどう併用し活用するのかという組織的な課題について述べている。さらに人格的な問題のある利用者への支援にあたる場合のスーパービジョンの考え方，バーンアウトに関するスーパービジョンの活用方法という実際的な課題，そして実習スーパービジョンについて述べている。

1　チームアプローチにおけるスーパービジョン

　社会福祉現場では，現代の生活のさまざまな局面に対応するために，多職種共働の傾向が強くなってきている。保健，医療，あるいは教育，保育等の専門職との連携共働は現代の福祉支援には不可欠な要素となっている。また，同じ社会福祉の職種でも複数のソーシャルワーカーとケアワーカーが協働して支援にあたるチームアプローチが主流となっている。このようなチームアプローチが現代の支援の特徴であるといえよう。チームアプローチのスーパービジョンではグループスーパービジョンを用いることが多い。グループスーパービジョンによってチームワークが活性化され，協力関係も強力にな

る。さらに，支援の目的やアセスメント，プランニングのチーム内の徹底がはかれる。グループスーパービジョンでは，どの職種のスーパーバイザーが担当してもよいが，自分の職種だけではなく他職種のことをよく理解して，それらの多くの職種の立場に立てる人でなければならない。

　特に保健・医療や教育の専門職はその領域の論理や方法，仕事のやり方が福祉専門職とは異なる場合が多い。スーパーバイザーはそのことをよく理解し，それぞれの職種がお互いに理解し合うようチームを支援する必要がある。福祉専門職以外の職種がスーパーバイザーになる場合も同様である。

　また，生活施設のケアワーカーと相談員などの福祉の職種のチームにおいても同様である。さらに，ケアワーカーが多数の場合が多いが，数の力で意見を押し切るなどのことがないようにスーパーバイザーは気を配らなければならない。

　いずれにしても，スーパーバイザーが自分の意見を押し切ることや，トップダウンで指示することは避け，各スーパーバイジーの考えや思いを引き出し，それを話し合うことを第1に考える必要がある。また，各職種の考え方を表明させて，偏りのない視点で考えさせ，このケースでのチームの方針や目標を共有する必要がある。

　チームアプローチは現代の社会福祉援助・支援においては欠くことのできない方法であり，主流となっている方法である。その際もスーパービジョンの方法を活用し，支援者一人ひとりの支援能力を最大限発揮できるようにしなければならない。しかし，その基盤となるのは一人ひとりの支援能力の高さである。個人スーパービジョンやグループスーパービジョンによってそれぞれの専門職における支援能力を高め，その上でチームアプローチにおけるスーパービジョンを組み合わせて，チームによる支援力を向上させていくことが求められるのである。

2　コンサルテーションの活用

　ソーシャルワークのコンサルテーションは，支援における特定の課題に関してその専門家から助言や具体的な支援を得て，その課題を解決し支援の質をより高める方法であるといえる。スーパービジョンと最も異なることは特定の課題や特定の目的があり，それに焦点を合わせて用いられることである。また，スーパービジョンは同施設・同機関等のスーパーバイザーとスーパーバイジーで行われるものであるが，コンサルテーションは外部の専門家によって行われる。

　その専門家は，支援の専門家，例えばソーシャルワークやケアワークの専門家，学識者などがコンサルタントになることも多い。特に，ソーシャルワークのさまざまな方法論，新しいモデル等についての知見は実際の支援に大いに役立つものである。認知症の専門的ケアは日々進化している。そのような専門的支援や専門的ケアに基づく助言や，その方法の教授はそのケースの支援のみならず，その他のケースや将来の支援に大きな影響を与える。また，医師や看護師に，さまざまな疾患や精神疾患に関する治療や治療的ケアに関して医療的な専門的視点から助言や支援の方向性についての意見を得ることも多い。臨床心理士などの心理の専門職にクライエントやその関係者の心理的状況や子どもの心理的発達についての専門的知見を得ることも多い。これらは，支援の発想を転換させるような影響をおよぼすことも多い。さらに弁護士などの法律の専門家に，法手続きや少年の支援のアドバイスを得ることも大変役に立つ。このように，コンサルテーションは適切に用いられることによって大きな成果が得られるものである。

　スーパービジョンとコンサルテーションの違いは，コンサルテーションが一時的な助言や支援に対する援助であるのに対して，スーパービジョンは継続的で，支援の一環として組織の中に位置づけられ，支援の全体性を対象と

するものである。そこに明確な差異がある。

　スーパービジョンとコンサルテーションはどちらかを二者択一的に行うのではなく，適切に組み合わせて組織の中で定期的に遂行されることが望まれるのである。

3　カンファレンスの活用とスーパービジョン

　カンファレンス（ケースカンファレンス）は支援のプロセスで通常用いられる方法である。しかし，同じ時間を費やしても効果的なケースカンファレンスを行うのと単なるケース内容の伝達に終始するだけのものとは，全く意味が異なる。

　効果的なケースカンファレンスを行うためにどうすればよいかを示したい。まず，支援の初期段階ではまず受理カンファレンスがもたれることが一般的である。ここでは支援の状況の認識と共有を行う。その際その緊急性の判断を行い，その深刻度も見極めることが必要である。このような状況においては，緊急性や深刻度の判断の根拠となる客観的指標や専門家の助言が必要となる場合もある。

　アセスメント，プランニング段階では情報の収集と分析を行い支援しているチームや組織，ネットワークでの情報の共有をはかる。この際，関係者からの報告を集約し共有するだけではなく全体の状況構造を把握する視点を有していなければならない。さらに状況の中にあるストレングス（強み）を発見し，その活用のあり方を考えることも重要である。また，状況をできる限り当事者の視点でとらえることで，支援者からの視点による思い込みや決めつけを修正することも求められる。例えば，支援者側のニーズを当事者のニーズと思い込むことも少なくない。このような誤謬を許してはならないのである。この段階でのケースカンファレンスの具体的方法としては，支援が必要である状況を把握し，何に支援が必要かを明確化し，支援の方向性を確

定し，それらを支援のチーム等で共有するなどである。例を挙げれば，対応すべき課題を明確化し，課題の優先順位の設定をし，長期目標と短期目標を設定し，支援方針を決定するなどである。

　具体的にはチームや組織の誰が誰にどのような関わり方をするのかという役割分担，クライエントとその環境にどのような変化を求めるのか，フォーマル，インフォーマル含めてどのような社会資源が利用可能でそれらをいかに活用するのか，具体的な支援における役割分担と各々の支援内容，実施時期や段取り等について話し合い決定する。カンファレンスへのクライエントの参加は望ましいが，クライエントの参加は状況によって決定すればよいが，いずれにしてもクライエントやその家族の意思や意向を何よりも尊重することが重要である。

　支援の実施やモニタリングの段階では各支援者や関係機関からの情報や初期のカンファレンスで決定された支援の流れの進捗状況，クライエントとその環境の情報報告をし，その時点での評価を行う。その際支援の方向性の見極め，支援とクライエントや状況の変化への関連性を検討し，さらに現在の支援のあり方の検討を行う。それには，新たな問題課題が生じた場合への対処のあり方，うまく支援が展開していないと評価された場合の別の方法の検討なども行う。それは，一定程度支援が進捗した段階では再アセスメントや再プランニングになる。この段階ではこのようなカンファレンスを繰り返し，支援を一層効果的に進めていくことが重要である。

　支援の終盤には評価と終結の決定を行う。まず，この時期のカンファレンスの目的は支援の目標達成の度合いを評価することにある。目標がある程度達成できていると判断できる場合には終結を決定し，終結に向けての方針とその方法や支援内容を決定し，チームで共有する。さらに，目標達成が未だできていないと考えられ，終結が時期尚早と考えられる場合には，目標達成時期や支援の方法等を再検討する必要がある。以下は，機能的なケースカンファレンスのあり方である。

第 2 部　スーパービジョンの実践に向けて

① 機能的なケースカンファレンスのあり方
・支援における価値や課題についての参加者の認識を共有すること。
・他職種，他機関，チーム内の自分や他者の役割，機能についての理解を促進する。
・カンファレンスに関する理解を促進し，カンファレンスのルールを遵守する意味の理解を促進する。
・カンファレンスの提出記録等の書式の統一をはかる。

② カンファレンスの運営
・情報・協議のポイントを適切に整理する。
・適切な議事進行の設定と，参加者の意識づけを行う。
・カンファレンスの運営統括者（進行役・司会等）を設定する。
・できれば適切なコンサルタントや助言者を設ける。
・参加者の参加意識を意図的に促進する。
・ケースの展開に応じて，各回のカンファレンスの目的と結果の整理をする。

③ カンファレンス運営のコツ
・一定の手順に沿って，効率よく合理的かつ柔軟に運営する。
・開始時間と終了時間を設定・明示する。
・進行上の役割分担を最初に決定する。
・1 回ごとのカンファレンスの目的を明らかにして始める。
・報告，質問（情報確認のための），意見交換の順に進める。
・今までのカンファレンスの資料，記録を準備する。
・最初にこれまでの支援状況，カンファレンスの話し合いの内容を確認する。
・ねぎらいを行い，支持的な雰囲気を促進する。
・少数派，反対派の意見の表明を促す。
・アセスメントに基づきプランをたて，それを実践し評価するという支

援の過程に沿って支援を検証する。
・支援における役割と実践内容，機関や時期を具体的に決定する。
・新たな情報，展開がある場合には必要な段階にさかのぼり対応する。

　カンファレンスはスーパービジョンとは異なる役割があるが，支援の要として必要なものである。カンファレンスは多くの施設や事業所で行われているが，型どおりの報告や引き継ぎに終始することは避ける必要がある。カンファレンスとスーパービジョンはやはり双方重要であり，相補的なものである。また，カンファレンスの時間の一部を利用して定期的にグループスーパービジョンを行うなどの工夫も可能だと考えられる。

4　スーパービジョンと人格的な問題のあるクライエントへの支援

　人格的な問題のある利用者や家族への支援では，ワーカーが振り回されたり，攻撃的な言動でダメージを受けたりして，適確な支援をするのが困難な状況が生じることが多い。
　人格的な問題のあるクライエントは，例えば，状況に関する認知や反応に著しい偏りが見られる，感情のコントロールができにくく，不適切な反応が多い，時にワーカーや他の利用者を操作しようとする意図が見られる（イライラさせられる，腹が立つようにされる，かわいそうに思わされる，魅力的に思ってしまう等），攻撃的な言動が多く，他害的な行動がみられる，自傷行為が繰り返し見られる，金銭や性的な衝動へのコントロールができにくい，支援者間，あるいは利用者間の人間関係を損なうような言動をとる，関わったワーカーや利用者が感情的に混乱させられる，などの特徴をもつ。
　人格的な問題のあるクライエントへの対応は，一般的に，支援の枠組みを明確にする，つまり，支援の範囲を明確にし，それをすべての利用者に公平に示す，支援を受ける上で，利用者が守るべきルールを明確にし，すべての

利用者に示すなどのルールや枠組みに関する対応と，チームにおけるすべての支援者が同じ方針を堅持する，すべての支援者が毅然とした態度をとる，などのチーム支援者側の足並みをそろえるような対応等がある。

さらに，できるだけ一人で対応せず，複数で対応するようにする，支援者の領分を守り支援者のプライバシーを守る，支援を一人で抱え込まず，チーム全員で対応，チーム全員で情報を共有するなどの対応が必要である。

支援者を振り回すクライエントは，例えば，自分なりの理屈をかざし，それを通そうとしたり，自傷行為や自殺未遂等のアクティング・アウト（行動化）によって他の人の注意をひきつけたり，子どもや他の人を使って支援者に何らかの働きかけをしたり，すぐにわかる嘘をたくさんついたりする。

さらに，攻撃的なクライエントは，暴力や暴言で自分の思いを通そうとし，支援者に不安，恐怖等を抱かせ，結果的にクライエントの思うように動かされているという事もある。支援者はクライエントがどこで怒り出すがわからず，常に気持ちが引いてしまい，直面することを避けがちになるという事もある。支援者はクライエントと関わりを避けがちになることもある。また，自分の都合の悪い支援者を窮地に追い込むこともある。支援者の弱みやウィークポイントを見つけたり，支援者内や他の利用者に協力者を見つけ，操作することもある。

このようなクライエントや家族を支援するには，まずクライエント等が人格に問題をもつことを理解することが重要である。そして，前述のような振り回しや影響があることを理解する必要がある。さらにそれをチームで共有し，チーム内で足並みをそろえることが重要である。

さらに，このような特徴をとらえて，「このことは誤っているから，治そう」としないことが重要である。こうすると，クライエントの反発を招き，かえって支援を難しくする。

支援においては，振り回されていることを自覚することが重要である。さらに，クライエントの言動の意味を考えることが大切である。

対応においてスキを作らないことも必要である。特にチーム内での意思統一をはかり，チームの誰が接しても同じ対応ができるようつとめなければならない。さらに，適切な「枠」を作ることも重要である。できる限りクライエントの納得できる「約束」をしたり，ルールを決めたりし，約束やルールを破ったときには支援の継続ができないことを理解してもらうことが大切である。また，クライエントにとって都合の良い状態は何かを理解し，現実とその状態の「折り合い」を探ることが重要である。時には，被害の少ないところで適度に振り回されることも重要である。

人格に問題があるクライエントへの支援は大変困難である。特に経験の浅いワーカーには一層困難である。スーパービジョンでは，このようなクライエントの特徴やその言動の意味等をスーパーバイジーと共に考え，さらに支援の流れに沿って，どう支援していくかを考えていかねばならない。この時，臨機応変に一刻一刻と変化する状況に対応し，何がクライエントの役に立つのかという事も深く考える必要がある。アクティング・アウトや攻撃があった時などはスーパーバイジーは大変動揺するが，そのようなときにはスーパーバイジーを支え，その意味を共に考え，共に対応することが重要である。

5 スーパービジョンとバーンアウトへの対応

スーパービジョンはワーカーのバーンアウトを予防したり，対応する大変有効な手段である。ジョンソンはバーンアウトを機関システムの中でのストレスの症状であり，ワーカーの専門職としての能力の発展を妨げると述べている。さらに，その症状として，尊重されていないという感情，笑う力の喪失，文字通りの病気と疲労（頭痛，腰痛，腹痛等），疲労感，出勤拒否，睡眠困難などがあると指摘している（ジョンソン・ヤンカ　2004：236-237）。

バーンアウトしやすい人は，頑張りやで長時間集中して仕事に没頭する傾向がある人々，さらに仕事以外満たされることがないなど，何か個人的な

ニーズを仕事で埋め合わせる傾向がある人々である。

　バーンアウトの傾向が見えたら，すぐさま対応する必要がある。まず，現状を認識することが非常に重要である。機関や施設内のストレスが，このワーカーにどうかかっているのかを突き止めることが重要である。多くは「仕事ができる」と上司や同僚も思い，さらに本人も思って，過重な仕事の負担が特定の人にかかっている状況を改めなければならない。本人は大変苦しいのであるが，周りの期待や自分自身のプライドもあって，「やらねばならない」と思いこむ傾向がある。仕事の量が人によって不均衡な職場で，このようなことが多い。また，職場全体が，過重労働を強いる雰囲気がある職場もある。サービス残業が日常化し，文字通り朝から晩まで仕事漬けの状態で，休日出勤も当たり前の状況もある。特に，人手不足の現場では，このようなことが常態化している。このような職場ではバーンアウトが続出し，多くのワーカーが回転扉のように次々に入れ替わる。このような事態はワーカーにも悲劇をもたらし，ワーカーの交代が相次ぎ，支援の継続性が担保できず，さらに経験の浅いワーカーだけが支援をするために支援の質が低下するという利用者にとっての悲劇ももたらす。

　スーパービジョンでは，バーンアウトを防止するために，スーパーバイジーとよくコミュニケーションをとり，その傾向があると認められれば，そのメカニズムを共に考えることができる。早期にバーンアウトの傾向を認識することで，職場環境を改善したり，本人の意識を改善することができる。

　具体的にスーパービジョンでは，スーパーバイジーの心身を守り，バーンアウトを防止するために，まず，勤務時間を厳守する。援助時間と場所の制限を守ることを徹底する。このことには大きな抵抗がある場合が多い。特に本人とそのチームから抵抗が起こる。仕事が回らないというのが，その一番の理由である。しかしなぜ仕事が回らないのか，どうすればより効率的に仕事が回るのか，さらにどのような仕事をやめるべきなのか等を話し合い，より現実的な方法を考える。さらに，スーパーバイジーの気持ちをできる限り

切り替える工夫も必要である。さらに，チームや職場全体で協力体制を作り，この問題をカンファレンス等で話し合うなどのことも有効である。さらに，人格に問題のある利用者等への支援に疲れ，バーンアウトの症状があるワーカーには上記のようなスーパービジョンが大変有効である。いずれにしても，バーンアウトの傾向のあるワーカーには個人的な生活に時間やエネルギーを割くよう促したり，意識を変える必要があるが，スーパービジョンはその大きなきっかけになることは間違いないのである。

6　実習スーパービジョン

　社会福祉実習教育はその必要性の認識がますます高まり，近年，教育方法や指導方法について研究や研修がすすめられ，その教育法は大変システマティックなものになっている。

　ここでは，スーパービジョンの観点から実習スーパービジョンのあり方を考えていきたい。スーパービジョンの観点から実習スーパービジョンを見てみると，そこには現任のワーカーのスーパービジョンとは違う困難性がある。

　まず実習という限られた期間の中（23日間等）で，集中実習にしろ，週1回の分散実習にしろ，扱うケースや利用者の状況の継続性があまりないという制約の中で行わなければならないという困難性がある。それは，一連の支援全体やその過程が見えにくいといったスーパービジョン構造の設定のしにくさに起因しているといえるだろう。さらに実習生の立場，すなわち学生であり，社会人でもなく，機関や施設に正規に所属していないという事もスーパービジョン構造の設定のしにくさをもたらしている。

　よく，アセスメントやプランニングを学生にさせなければならないと言って，ケースの開示を求める養成校があるが，現在進行形で支援を展開しているケースを開示することは，特に人権侵害や虐待の経験のある利用者，さま

ざまな事情を抱えたり，利用者の心的傷つきが深い場合などは大変危険である。また，そのようなケースではなく，「普通」のケースでよいと言われるが，一体「普通」のケースが，そこにはあるのであろうか。ケースの継続性や利用者の状況の継続性を見て，アセスメントやプランニングを行うには長期の実習が必要である。筆者は学生時代に分散実習であるが約5年間実習を行った。これぐらいのスパンで実習ができるのであれば複数のケースにじっくり取り組みアセスメントやプランニングもできよう。しかし約4週間の実習でそれをするにはかなりの工夫が必要である。まず，現場からは「実習生にケースを開示するのは大変怖くてできない」という反応があって当然である。実習生には基礎から実践に即した技術や知識，さらに実践的価値を教えていかなければならない。さらに実習生にはそれらの実践的な技術や知識，価値が絶対的に不足している。また，年齢や生活経験の不足によるパーソナリティの未熟さ，考え方や価値観の未熟さ等もある。実習にはこのような困難さがつきまとうのである。すなわち，スーパービジョンの管理的機能をどう果たすかも考えなければならないのである。

そのような状況を踏まえ，実習をより実り多いものになるにはどのような実習スーパービジョンが必要であろうか。社会福祉実習教育の過程において実習スーパービジョンは配属実習の中でソーシャルワーク専門職によって行われるものであり，単なる知識や技術の伝授ではなく目的をもって意識的に行う過程である。その目的は，究極的には学生がソーシャルワーカーとして必要な資質の基礎を身につけること，ひいては日本の社会福祉人材の質を高めることであるが，スーパービジョンの機能をもとに考えると，福祉現場にとっての機能も忘れてはならない。

さらに実習スーパービジョンは実習教育においては重要ではあるが一つの過程に過ぎないことも思い出さなければならない。実習前後，または実習後の指導，さらに実習中の巡回指導や帰校日の指導との連携も必要である。大学等は施設や機関の現場としての方針，支援内容，支援の特徴などを十分理

第8章　スーパービジョンをめぐって

解して学生を指導し実習に送り出さねばならない。また，実習内容と実習スーパービジョンの内容をよく理解して，実習中の指導と事後指導をする必要がある。これらの連携を可能にするものは，大学と機関や施設との日常的な情報交換，意思の疎通およびその結果としての共通認識の形成である。スーパービジョンもまたこの共通認識を基盤として行う必要がある。

　具体的な実習スーパービジョンにおいては，個々の実習生の実習達成課題や実習目標が，この連携を促進する重要な要素となると考える。個々の実習生の達成課題等はその学生の状況に応じて設定される。達成課題等の指導が実習前指導の大きな要素となる。配属実習においては，この達成課題を尊重し，学生と共に考え，必要な場合には修正を加えながら，実習課題の達成に向かって実習をすすめなければならない。また，この達成課題等を部分化し，実習生が関わる利用者や支援状況に応じてスーパービジョンの目標を設定する必要がある。スーパーバイザーはこの達成課題とスーパービジョンの目標の関係を常に意識化して，達成課題実現を導くようスーパービジョン目標の設定をしなければならない。

　集団的支援が中心の日本の施設においては欧米のモデルをそのまま演繹することは困難であり，無理に適用することは役に立たない。さらに生活型の施設実習においては交代勤務や業務の多忙さもあり，スーパーバイザーも四六時中実習生に関わることや多くの時間を実習スーパービジョンに割くことは不可能である。実習簿による指導も日によって，担当者が替わる場合も多い。このことは多くの職員の目から実習生を見るというメリットがある。しかし，担当スーパーバイザーが実習の達成課題やスーパービジョン目標に沿ってスーパーバイズしていくためには，高い力量が必要となる。

　スーパービジョンの目標は教育的機能のみならず管理的機能，支持的機能も意識して設定しなければならない。わが国の社会福祉機関・施設の実習においては，集団支援，集団支援の中で個別支援を取り出した実践等についての目標をそれぞれ設定するなどの工夫は必要である。

実習スーパービジョンにおいても管理的機能は大変重要である。未熟な学生といえども支援者として利用者の前に立つ限り，一定以上の水準の支援を提供する必要がある。社会福祉機関・施設は，その社会的責務があるのである。その管理的機能を実習スーパーバイザーは強く意識する必要がある。さらに初めて実践を体験する実習生にとって，支持的機能は無くてはならないものである。つまり，いろいろな意味で未熟な実習生にとってスーパーバイザーの指示は必要なのである。また，今の実習生の世代が考えていることはスーパーバイザーには未知のものかもしれない。そのためにも実習生とスーパーバイザーとの間に良好な信頼関係を基盤としたスーパービジョン関係が築かれることが何より大切である。

そのためにもスーパービジョンのスキルは重要な鍵を握っている。スーパービジョンのスキルを実習に応用するには少しの工夫が必要であるが，スーパーバイザーはこのようなスキルを用いることによって実習全体の流れや意味をより明確化することができる。このことは現場の側から見ても，実習の継続性を担保でき，実習を受ける意味がより大きくなることになる。実習教育全体から見ても「積み上げ」が可能となるのである。

同じソーシャルワーク，社会福祉援助・支援の専門職員の実習教育においてスーパービジョンの多くの蓄積を活用することに躊躇する理由はどこにもないであろう。若干の工夫が必要なもののスーパービジョンの考え方，理論，方法，スキルなどを取り入れることは，これからの人材養成においては無くてはならないことになろう。これらを取り入れることによって社会福祉実習教育のさらなる理論化，実践的体系化が促進され，効率性有用性においても一層の向上がもたらされると考えるものである。

あとがき

　今から約15年前に，ある社会福祉研修において「スーパービジョン研修」を担当した。その頃は，スーパービジョンという言葉も，社会福祉施設等ではあまり知られておらず，知られていても，外部の専門家がアドバイスをしに来てくれるものだというような認識が一般的であった。その頃の研修において印象的なのは，職場の支援の環境やその組織が大変混乱していて，いわゆる中間管理職という立場の人々が多くの悩みを抱えている事だった。その頃，スーパービジョンを共に学びながら，社会福祉現場で現実にスーパービジョンが導入できれば，いかにこの混乱や悩みを解決できるかという事を同世代の実践者と熱く語り合ったことを思い出す。この研修は現在も続いて担当している。スーパービジョンという言葉は知られるようになったものの，このような混乱や悩みは今もあまり変わっているようには思えない。そこで，社会福祉現場での混乱や悩みを少しでも軽減するために，スーパービジョンの社会福祉現場での実践に焦点を当てて具体的に考えてみるというテーマをもって著したのが本書である。スーパービジョンを本格的に実践する施設や事業所はまだまだ数少ない。しかし，スーパービジョンは支援の質を高め，職員を支え，職員を実践的に教育するために大きな力を発揮する。このような力を現場に少しでも届けたい，学生を導きたいという筆者の気持ちをご理解いただきたい。

　思えば30年以上前，筆者は5年以上にわたってケースワークのスーパービジョンを受けさせていただいた。個人スーパービジョンの時もあり，グループスーパービジョンの時もあった。支援者として必要なことの基礎は，ほとんどこのケースとスーパービジョンに教えてもらった。筆者はこのような経

験を得たのであるが，多くの支援者はこのような経験をもたない場合が多い。筆者のもう一つの思いは，この素晴らしい経験を広めたいというものである。本書がその思いを少しでも実現できるものであれば大変うれしいものである。

　本書を執筆するにあたっては，文献のみならず，現場での実践を大いに参考にさせていただいた。このような現場での実践を教えてくださった，研修の多くの参加者の皆さんや研修を企画・運営していただいた（福）京都市社会福祉協議会，社会福祉研修・介護実習普及センターの小国里恵さんと藪田康子さんに感謝したいと考える。また，約30年前にほぼ5年間私のスーパーバイザーを務めてくださった上田光枝さんに心から感謝申し上げたい。

　さらに，ミネルヴァ書房杉田啓三社長と執筆中常に支えてくださった音田潔さんに感謝申し上げる。

　なお，本書は2014年度龍谷大学出版助成を得て出版されたものである。また，2012年の国内研究員活動の研究の一環であることを申し添える。

2015年1月

山辺朗子

参考・引用文献

大江ひろみ・山辺朗子・石塚かおる編著『子どものニーズをみつめる児童養護施設の
　あゆみ——つばさ園のジェネラリスト・ソーシャルワークに基づく支援』ミネルヴ
　ァ書房，2013年。
大塚達雄・井垣章二・澤田健次郎・山辺朗子編『ソーシャル・ケースワーク論』ミネ
　ルヴァ書房，1994年。
京都児童福祉施設実習教育連絡協議会「『実習教育』研修会」『社会福祉実習教育研
　究』第2号，京都児童福祉施設実習教育連絡協議会，1992年。
佐賀枝夏文・山辺朗子・橋本武也編『社会福祉支援のコミュニケーション』あいり出
　版，2013年。
ジョンソン，L. C.・ヤンカ，S. J.／山辺朗子・岩間伸之訳『ジェネラリスト・ソーシ
　ャルワーク』ミネルヴァ書房，2004年。
デッソー，D.／上野久子訳『ケースワークスーパービジョン』ミネルヴァ書房，
　1970年。
山辺朗子『ジェネラリスト・ソーシャルワークの基盤と展開』ミネルヴァ書房，2011
　年。
山辺朗子『個人とのソーシャルワーク』ミネルヴァ書房，2003年。
山辺朗子「母子生活支援施設の現状と課題」『社会福祉研究』第110号，鉄道弘済会，
　2011年。
山辺朗子「児童福祉施設における支援と社会福祉実習　その1」『社会福祉実習教育
　研究』第14号，京都児童福祉施設実習教育連絡協議会，2011年。
山辺朗子「社会福祉施設におけるソーシャルワークの展開について　その1・その
　2」『龍谷大学社会学部紀要』第20・21号，2002年。
山辺朗子他「介護職のストレスとジレンマに関する調査」『龍谷大学福祉フォーラム
　報告書』2002年。
Austin, M. S., *Supervisory Management for the Human Services*, Englewood Cliffs, N.
　J. Prentis-Hall, 1981.
Gitterman, A. & Germain C. B., *The Life Model of Social Work Practice 3rd.ed.*,
　Columbia University Press, 2008.
Kadushin, A. and Harkness, D. *Supervision in Social Work 4th ed.*, Columbia University
　Press, 2002.

Loewenberg, F. M., Dolgoff R. & Harrington, D., *Ethical Decision for Social Work Practice*, Thomson Learning Academic Resource Center, 2005.

Pecora, P. J. et al. *Strategic Supervision*, Sage Publications, Inc. 2010.

Shulman, L., *Skills of Supervision and Staff Management*, F. E. Peacock Publishers, Inc, 1982.

Social Work Dictionary, NASW, 2006.

Standards for Social Service, Manpower, NASW, 1973.

巻 末 資 料

　巻末資料は読者がスーパービジョンを導入し，実践する際に少しでもヒントになるよういくつかの資料を掲載した。

　まず，巻末資料1-1～6-2においては，本文中にも述べたいくつかのスーパービジョンを実践するためのシートの例を取り上げた。ここでは日常のスーパービジョンにおいて用いる個人スーパービジョンのシート（スーパーバイザー用，スーパーバイジー用），ケースごとに用いるスーパービジョン記録シート，グループスーパービジョンの記録シート，スーパーバイジーごとのスーパービジョンのためのアセスメントシート，職場全体のニーズをアセスメントし，スーパービジョンの目的を明確化するための職場のニーズとスーパービジョンに期待できることというシートの例を示した。いずれのシートもそのシートと記述例を示している。参考にしていただきたい。

　巻末資料7では長い経過の支援記録とスーパービジョンの過程を並行的に示したものである。長い過程での支援のポイントでスーパービジョンがどのように支援に反映されているかを示すねらいがある。

　巻末資料8ではソーシャルワークの始まりから同時に発展してきたスーパービジョンの歴史的展開を短く解説した。このことで，ソーシャルワークの変遷と共に変化してきたスーパービジョンの考え方，実践のあり方を理解していただけると考えている。同時にその始まりから変化していない，いわばスーパービジョンの核心のようなものも少し明らかにできたのではないかと考える。併せて巻末資料9ではスーパービジョンの歴史を理解しやすいように，ソーシャルワークの発達のポイントを示した。

1-1 スーパービジョンシート例（スーパーバイジーが記入）

ケース名（　　　）　スーパーバイジー：　　　　スーパーバイザー：

年月日	スーパービジョンを受けたい事柄	スーパービジョン内容	スーパービジョンを受けて理解したこと	支援の変化（1週間～1カ月後に記入）

巻末資料

1-2 スーパービジョンシート記入例（スーパーバイジーが記入）

年 月 日	ケース名（山口陽子）	スーパーバイジー：村田	スーパーバイザー：山本
スーパービジョンを受けたい事柄	本児は約10ヵ月間不登校の状態にある。ゲームが全くない。自覚もあまりしない事である。就寝もあまりしない事である。担任の先生が来てくださったり、学校の友達が来てくれたり、穏やかに話し、なぜ学校に行かないか心配になる。本人はあまり気にしていないようである。本人が何に心を開くことができるのかをスーパーバイザーにも渡しておく）		
スーパービジョン内容	今の本児についてどのような状態かを本児の気持ちに寄り添い理解をすることが重要である。生活リズムの乱れと勉強の遅れは不登校に対応する必要がある。守れるようルール決め、学校でも家でも定期的に担当と勉強をする時間を作り、焦れることなく事が大切である。（→スーパーバイザーにも渡しておく）		
スーパービジョンを受けて理解したこと	本児は何かのメカニズムで不登校になっている。少しでも理解しようとすることが重要である。支援者側の焦りであるのは禁物である。今は本児の生活をしっかりおく事が必要であるが、今は本児の生活をしっかりおく事が必要であるが、スーパーバイザーに提出する）		
支援の変化（1週間～1ヵ月後に記入）	スーパービジョン後に、生活について話し合い、「朝8時過ぎには起き、12時過ぎには食べる」という本児なりのルールを決めた。とりあえず8時過ぎには起き、食事は他児と一緒に食べている。一週間に一度約一時間勉強をしている。勉強は20分ぐらいであるが、一対一の話ができている。変化の有無と変化のあり方を記入		

153

2-1 スーパービジョン評価記録例（スーパーバイザーが記入）

ケース名（　　　）	スーパーバイジー：	スーパーバイザー：

年 月 日			
スーパービジョンを受けたい事柄			
スーパービジョン内容			
スーパービジョンを受けて理解したこと 評 価			
支援の変化（1週間～1カ月後に記入） 評 価			

154

巻末資料

2-2 スーパービジョン評価記録記入例（スーパーバイザーが記入）

ケース名（山口陽子）	スーパーバイジー：村田	スーパーバイザー：山本

年月日		
スーパービジョンを受けたい事柄	本児は約10ヵ月間不登校の状態にある。ゲームをしたりして一日過ごしている。勉強も全くしない。学校の友達が来てくれたり、担任の先生が来てくださったり、穏やかである。なぜ、学校に行かないのか心配になる。本人はあまり気にしていないようだが、どう向くのか、状況を打開することができるのかを考えたい。	学校に行かないのが問題ではない。学校に行かない理由は一つではなく、さまざまなことが絡み合ってそのメカニズムを発生している。原因を突き止めるよりも、支援者の焦りを自覚し、一番してはいけないのは、焦りを子どもに転嫁して追い立てることである。や最低限の学習をすることを子どもの納得を得てルール化することが必要である。（スーパービジョン直後に記入）	アニメを見たり、マンガを読んだり、中学2年になって進路を考えないといけない時期であるのに、自覚が全くない。一番気になるのは生活リズムが乱れ、朝遅く起き、夜はいつまでも就寝しない事である。普通に学校の友達が来たりすると、このまま置いておくと、ずーっと学校に行かないのではないか、と学校に意識が向くのか、状況を打開することができるのか、スーパービジョンから受け取る
スーパービジョン内容		
スーパービジョンを受けて理解したこと 評価	支援者の焦りについての理解が進んだ。学校に行かせようとすることがあまり役に立たないことも理解できた。このケースの場合学校に行かない事の意味を焦らず考え続けることができた。また、このケースの場合学校に行かないことについて、原因を探ることよりも、子どもへの寄り添いが何よりも重要であることが理解できた。（→スーパービジョンの「スーパービジョンの内容」を受けて理解したこと」の提出を受けて記入）		
支援の変化（1週間～1ヵ月後に記入） 評価	生活リズムが整ってきている。勉強も頻度は低いが定期的にし合うことやや一緒に勉強することでコミュニケーションの量が格段に増えている。焦らないことができている。焦らないことを自覚して、支援についての報告を受けたり、支援のあり方を観察して記入する。		

155

3-1 スーパービジョン記録シート例（ケースごとに）

支援のゴール	スーパーバイジーの計画	スーパーバイザーの支援内容(時系列)	自己評価	スーパービジョン内容(時系列)記録	スーパービジョン評価(時系列)
①		〇/〇 〇/〇			
②					
③					

巻末資料

3-2 スーパービジョン記録シート記入例（ケースごとに）

支援のゴール	スーパーバイジーの計画	スーパーバイジーの支援内容（時系列）	自己評価	スーパービジョン内容（時系列）記録	スーパービジョン評価（時系列）
① 職員に自分の思っている事、してほしいことが伝えられない。	昼休み休憩時間に一緒に過ごすだけでなく、少しずつ話をする中で、思っている事、してほしい事など伝えを知る。	○月○日 昼休み休憩時間を一緒に過ごしても良いか尋ね、了解を得た。○月○日 アイドルの話で少し話ができた。○月○日 機嫌が悪かったので、一緒にいるのが嫌か尋ねてみると、「いや」というので離れず、アイドルの話でかなり話ができた。母と姉の話もした。	Dさんはスーパーバイジーと過ごすことに少しずつ慣れてきて、話ができるようになった。	○月○日 無理をせず、押し付けない工夫を考えるよう話し合いのシミュレーションをした。○月○日「いや」と言われた気持ちを共感した。また、機嫌が悪い時の対応のシミュレーションをした。そこから評価について評価し、何を読み取れるのかを話し合った。	長いスパンで考えられるようになったり、少しずつ進めればよいという心の余裕ができた。
② 決まった手順が乱されるとパニックになる。	毎日、手順をDさんに確認しながら予定表を作る。	毎日の手順を確認し、それをDさんの予定表を作り、それを遵守できるよう支援した。	毎日、Dさんと予定表を確認し、共有した。	予定表の確認を日課にし、職員も理解し支援する。	大変頑張って、日課を確認できていた。
③ 落ち着いて食事の後の休憩ができない。	手順の中に、昼休みの過ごし方を決め、それを共に行う。	Dさんと昼休みのしたい事を話し、落ち着いて休憩するよう工夫をした。	話しだすと落ち着いている様子はなかった。	一緒に過ごすことには抵抗がなくなったので時間をかけて工夫をして話を続ける。	少しずつ長いスパンで考えられるようになった。
④ 家族のDさんの理解が不足している。	Dさんの父と母とDさんの話し合う機会を作る。	Dさんの父親に来てもらい、Dさんのあり方について話し合った。	母親と一度でも話ができた。	一度で理解することはできないので、辛抱強く話を重ね、まずは信頼関係を築くことが重要である。	一度でも家族と話せたのは評価ができる。

157

4-1 グループスーパービジョン記録例

年 月 日	参加者名（　　　　）	時間：	スーパーバイザー：
	①		
	②		
	③		
提出ケースとスーパービジョンを受けたい事柄	①		
	②		
	③		
スーパービジョン内容	①		
	②		
	③		
スーパービジョンを受けて理解したこと　評　価	①		
	②		
	③		
支援の変化（1週間～1カ月後に記入）　評　価	①		
	②		
	③		

巻末資料

4－2　グループスーパービジョン記録記入例

年 月 日	参加者名（広瀬・高井・宮崎・青山）	時間：16時～16時40分	スーパーバイザー：山口

提出ケースとスーパービジョンを受けたい事柄	① 広瀬	利用者Cさんに対してどう接して良いかわからない。黙々と作業をしていて、職員としてこれでよいのかと内心悩んでいる。
	② 高井	1週間前作業中に宮崎ワーカーが利用者Lさんに対して「もう終わってもいいよ」と言い、それを鵜呑みにしたLさんが、作業が終わっていないにもかかわらず、片づけようとした。Lさんには厳しく言った方が良いか、このままでの対応についてどうしたら良いかわからない。
	③ 青山	記録を書くのに時間がかかりすぎる。以前はもっと早くに記録をつけており、帰宅していた。支援についても自信がなくなかなか決断ができない。特にMさんへの対応についてどうしたらよかったのかと悩む。

スーパービジョン内容	① まず、Cさんと作業中でも作業外でも良いので話しかけていく人にしてみてはどうか。自分から話しかけていくことに関しての自分の傾向を考えることも出来る場合。
	② このような場合、利用者を巻き込むのではなく、宮崎ワーカーにその意図を確認する必要がある。何かそういう事情があるかもしれず、また誤解が生じているかもしれない。スタッフ間のコミュニケーションをもっと密にする必要がある。
	③ 記録について必要不可欠なことを決めて書くようにする。その際、必要不可欠な項目を選び出した。心理的に悩みが深いと思われるので、機会を設けて個別に話し合う事とした。休暇や受診も視野に考える必要がある。

スーパービジョンを受けて理解したこと	① 自分自身の傾向について考えることができている。Cさんに積極的に話しかけている姿をよく見るようになった。
評 価	② 宮崎ワーカーに話すことの必要性が理解できているかは疑問である。一般的には利用者を巻き込むことはいけないという理解はあるが、実際の場面ではそれを理解することができないようだ。スーパーバイザーと自分の3人の話し合いを設定する必要がある。もう少し話をする必要がある。
	③ 自分の状況について宮崎ワーカーとのまり理解できているとは言い難い。話し合いを治療的に行うという理解が必要である。

支援の変化（1週間～1カ月後に記入）	① Cさんに積極的に話しかけることが増えている。自分自身の傾向について、自分で話をとって時間をとってほしいという要求を表した。スーパーバイザーに「ちょっと話をきかせて」と言ってくれるようになった。
評 価	② 3人の話し合いの後、少し宮崎ワーカーについての重要性について理解が進んできたようである。有給休暇も見受けられるようである。
	③ 利用者を巻き込むことの話し合いの後、帰宅時間も少し早くなった。個別的な話し合いの後、記録も簡易に思えてきたようで良いと思う。記録も早く簡単に2日となった。

5−1 スーパービジョン・アセスメントシート例

作成年月日	ワーカー名（　　　）　所　属：　　　　　職　階：
1) ワーカーの経験（年数・職種）評価	
2) ワーカーの関心・考え方 ①一般的 ②当該ケースに関して	
3) ワーカーの対人関係のあり方の特徴	
4) ワーカーのチームワークにおける役割遂行のあり方	

5）ワーカーの課題 ①一般的 ②当該ケースにおける	6）過程の遂行状況 開　始 アセスメント プランニング 計画の実施 評　価 終　結	7）S-Wの分析 　S（強み）　― 　W（弱さ）　―	8）総合的アセスメント

5−2 スーパービジョン・アセスメントシート記入例

作成年月日	ワーカー名（広瀬裕子）	所属：Dグループ	職階：常勤職員
1) ワーカーの経験（年数・職種）、評価	スーパーバイジーは今春社会福祉系の大学を卒業した。高校のときに体験授業で行った特別養護老人ホームでの体験が楽しく、大学は迷いながらも社会福祉学科を志望した。大学では吹奏楽のサークルに属し、サークル活動に忙しく、なかなか勉強に関心がもてなかったが、3年生時に履修した約1カ月の実習（知的障害者生活施設）で社会福祉の分野での仕事、特に知的障害者にかかわる仕事に関心を深め、卒業論文も「知的障害者の社会的雇用」についてまとめた。就職後2カ月は研修期間で、施設内外の同法人内の生活施設で2週間と施設内の他の部署で約1週間ずつ実習をした。当部署で働き始めて約1カ月が経っている。		
2) ワーカーの関心・考え方 ① 一般的 ② 当該ケースに関して	① 知的障害者の支援に思い入れが強く、熱心に支援を考えている。 ② 入職までTEEACHプログラムを深く勉強する機会がなく、TEEACHプログラムを理解習得することが課題だと考えている。		
3) ワーカーの対人関係のあり方の特徴	あまり、外交的ではなく、大人しい性格である。利用者とは打ち解けようという工夫をしているが、空回りしていることもある。丁寧に対応はしているが、本音が話せない感じである。声をかけにくい上司や先輩には遠慮があるのか、丁寧に対応するものの、なかなか弱音を見せない。同期の職員には打ち解けてはいるが、なかなか弱音を見せない。		
4) ワーカーのチームワークにおける役割遂行のあり方	今年度の担当は利用者Aさん（男性28歳）、Bさん（男性36歳）、Cさん（男性23歳）、Dさん（男性45歳）と男性ばかりである。Cさん以外は自閉症の障害をもっている。当施設では一部TEEACHプログラムを導入していて、特にこの部署では一部作業環境が構造化されている。AさんとBさんは単独の机の机で仕事をかって作業をしている。CさんとDさんは何人かの人と同じ机に向かって仕事をしている。AさんとBさんについては、見守りと気づきを心掛け、困ったことがあるようであれば、必要に応じて支援をする。彼らとのコミュニケーションに心掛けることが役割だと赴任直後に説明され、そう理解している。 Cさんについては、コミュニケーションに一緒に心掛け一緒に作業をするなど通じて作業を円滑にしてもらい、		

巻末資料

5) ワーカーの課題 ①一般的 ②当該ケースにおける	さまざまな局面において他の利用者とのコミュニケーションをはかり、生きがいを感じてもらうよう寄り添って支援すると理解している。 Dさんについては、就労移行支援事業所への転出を希望されており、ゆくゆくは一般就労かそれに近い就労を目指している。他施設での環境に対応できるよう力をつける支援をすると理解している。
	利用者や家族とのコミュニケーションがうまく取れず、悩んでいる。 作業をしていて、障害のあるクライエントに対してどう接して良いかわからない、クライエントが何を望んでいるのか、黙って作業をしている。 職員はとしてこれでよいのかと内心悩んでいる。 TEACHプログラムの展開を深く理解することが必要である。
6) 過程の遂行状況	開始：まだ、利用者一人ひとりのアセスメントができていない。順次一人ひとりのアセスメントを行う予定である。 アセスメント： プランニング： 計画の実施： 評価： 終結：
7) S-Wの分析	S（強み）一熱心で利用者のことを常に考えている。何に対しても一生懸命である。障害者福祉に関して情熱をもっている。指示に関しては完璧に近くと応える。勉強することや調べておくことについては、きっちりと課題をこなしている。
	W（弱さ）一視野が狭いことがある。一つのことに一生懸命のあまり、周りが見えないことがある。悩むと一人で抱えることがある。上司や同僚になかなか相談できず、独りよがりな判断をすることがあった。
8) 総合的アセスメント	性格はおとなしく、自己主張が少ないが、思っている事、考えている事はいろいろあるようである。利用者の支援に大変熱心に取り組んでいるが、あまり周りが見えていない。 学生時代のボランティア先での経験がスーパーバイジーにとって大変良いものであり、働きだした職場との体験とのギャップがあるようである。 自らの課題を把握しきれず、どうしたら良いのかわからず、自信が持てない状況である。「指示待ち」と言われることを恐れ、いろいろ動くが利用者の役に立っていないことが多い。

163

6-1 職場のニーズとスーパービジョンに期待できること（例）

職場のニーズ	職場のニーズが充足された状態
	①
	②
	③
	④
	⑤
職場のニーズに関してスーパービジョンに期待できること	他の職場のニーズも知った上での職場の評価と方向性
①	
②	
③	
④	
⑤	
①	
②	
③	
④	
⑤	

巻末資料

6−2 職場のニーズとスーパービジョンに期待できること（記入例）

職場のニーズ	職場のニーズに関してスーパービジョンに期待できること	職場のニーズが充足された状態
①職員によってケアのあり方が違い、利用者にとまどいがある。 ②職員の業務の多寡が激しく、一定の職員に業務が集中している。 ③伝達していなくてはならない情報や支援の引継ぎが不十分である。 ④業務量が多く、職員のOJTに十分な時間が割けない。 ⑤職員間のコミュニケーションが一方的である。 ⑥チームワークが取れる雰囲気が希薄である。	①職員各々の業務の実態が把握できる。 ②ケアのあり方が標準化できる。 ③業務の集中がなくなる。 ④コミュニケーションのあり方が改善できる。 ⑤職員のOJTが円滑にできる。	①職員のケアのあり方が統一され、利用者が安心してケアを受けられる。 ②職員の業務量のバランスが取れ、職員が無理をせず納得して働くことができる。 ③伝達すべき情報が伝達され、支援の引継ぎが的確に行われる。 ④職員が業務の中で、十分な教育が受けられる。 ⑤職員間のコミュニケーションが双方向になり、十分なコミュニケーションがとれる。 ⑥雰囲気が良くなり、チームワークが円滑になる。
他の職場のニーズも知った上での職場の評価と方向性		現在、業務一杯多忙で余裕がなく、個々の業務をこなすのが精一杯という状況が続いている。また、コミュニケーションが円滑でなく、必要な情報の伝達もうまくいっていない状況がある。さらに少数の職員に業務が集中し、休日が折れない状況が続いている。職員のOJTも全く対応できていない。 スーパービジョンによって、左記①〜⑤を目標として取り組む方向性をもつことが必要である。

165

7 スーパービジョンの展開過程

　ここでは，長い過程の支援，特に集団支援の現場での支援過程に沿って，スーパービジョンを展開する方法を示していきたい。この支援過程は実際の支援をもとに出版物用に加工したものであるが，スーパービジョン過程は実際のものではない（実際には他の方法でスーパービジョンを行ったものである）。しかし，この支援の流れに沿って効果的なスーパービジョンが展開されるための方法を示すことは意義があると考え掲載した。なお文中に出てくる固有名詞はすべて仮称である。事例の概要は以下のとおりである。

○○園支援計画書（入所時）（平成XX年10月22日入所，担当CW〔山田〕記入者〔佐々木〕）

児童氏名：山口陽子（仮名）　性別：女
生年月日：平成Z年5月2日（小学校4年生）
保護者氏名：山口のり子（仮名）　続柄：母　生年月日：昭和Y年9月4日（33歳）
保護者住所：○○市△△区新町2-1　TEL：000-000-0000

保護者仕事場等：○○市　××デパート　派遣社員

親戚等連絡先　氏名：山口一郎（仮名）　続柄（祖父）TEL：000-000-0000
　　　　　　　住所：○○市△△区本町3-3

関係資料

児童記録票	○	一時保護観察票		医学診断書	○	心理判定書	○
児相援助計画	○	措置通知書	○	その他（　　　）			
母子健康手帳	○	健康保険証	○				

住民票の移動について：本日手続きを完了した
既往歴：特になし。体重減少が認められたが，食事の制限のためと思われる

一時保護中の通院：特になし

予防接種：問題なく既定の予防接種は受けている

◇入所までの経緯・特記事項
　乳幼児期は，ビデオを集中して見続けていた。周囲から声をかけられても，気が付かない様子だったということである。3歳まで複語文が話せなかった。本児が小学校1年生の時に，父と母が離婚し母が本児と弟（現在小学校3年生）の2人の子どもの親権者となり，離婚成立時から継父と同居するようになった。実父は再婚し，隣県に居住している。本児が小学校4年生の7月に，宿題をしない，風呂に時間通り入らない，約束を守らないなどの理由で，食事を抜かれることがたび重なり，また，同じ理由でベッドの足に縛り付けられていたという事を語り，小学校より虐待通告があった。さらに体重減少などが認められたため，一時保護の後，入所措置となった。保護者も入所に同意されている。
　一時保護の前から，発達障害の疑いがあり，コミュニケーションの拙さや認知の偏りがあった。家庭には数多くのルールがあり，それを守れないと食事を抜くなどの罰があった。
・本人の意見・希望・要望・様子
　　体を動かすことがしたい。バレーボールがしたい。
・児童相談所の意見と連携のあり方
　　虐待継続があり，弟に関しても経過を注意して臨んでいる。
・親の意見（氏名〔田中次郎（仮名）：継父〕）
　　ちゃんと生活してほしい。ルールを守れるようになってほしい。ゲームをやりすぎないでほしい。
・当面の親との連絡・面会・外泊
　　外泊は当面しない。面会は希望や必要に配慮し行う。
・学校の意見（学校名〔○○小学校〕氏名〔土田みよ…前担任〕）
　　学校では感情のコントロールが苦手で，すぐに泣いたり，キレたりしていた。勉強は得意だが，友だちは少ない。家庭からの分離は賛成している。新しい環境でゆっくり落ち着いて成長していってほしい。また，社会的なスキルを身に付けてほしい。
・当面の支援計画
　・新しい環境にスムーズに適応できるよう支援する。
　・安定した生活のなかで様々な経験や体験を通して情緒の安定をはかる。
　・支援計画点検の時期は半年後とする。

支援は平成ＸＸ年の10月に始まった。複雑で厳しい子ども虐待事例であり，また，発達障害の疑いもあり，支援は大変難しいものであると予想された。スーパービジョンはうめホームの職員会議の一部の時間を使ってグループスーパービジョンを行った。

スーパーバイジーは髙松ワーカーはじめ，うめホームの職員全体（計6人）であった。他のケースもグループスーパービジョンに提出されている。スーパーバイザーはうめホームの主任の山辺ワーカーであった。

グループスーパービジョンは，アセスメントとプランニングを行う前に一度行い，アセスメントとプランニングを行った後にそれを確認するためにもう一度行った。

その結果，以下のアセスメントとプランニングが確認された。

児童支援計画　No.1

平成ＸＸ年度　児童氏名：山口陽子（仮名）（小4），平成ＸＸ年11月30日作成
　　　　　　　　　　ホーム名：うめ　担当：髙松・CW 山田，担任：川原先生
生年月日：平成Ｚ年5月2日，入所年月日：平成ＸＸ年10月22日
入所理由・生育歴
　　入所時支援計画参照
　　入所前エコマップ

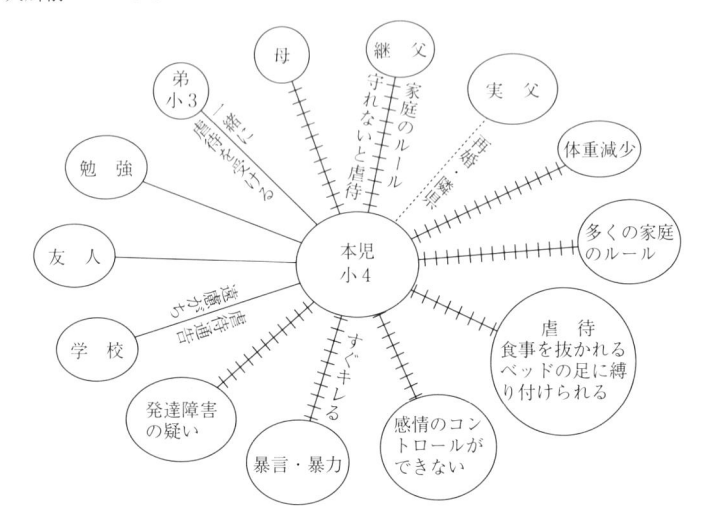

（エコマップ：本児 小4 を中心に，母，継父（家庭のルール守れないと虐待），実父（体重減少），弟 小3（一緒に虐待されてる），勉強，友人，学校，発達障害の疑い，すぐキレる，暴言・暴力，感情のコントロールができない，虐待 食事を抜かれる ベッドの足に縛り付けられる，多くの家庭のルール）

アセスメント

・対人関係（家族関係を含む）

　職員には敬語を交えて丁寧に会話ができる。いわゆる優等生の対応ができる。

　同室の子どもには遠慮をしているような様子もある。あまり会話をしないが，ちょっとしたことで激しい口調になるので，同室の子どもからは敬遠されている。子どもとのコミュニケーションは苦手である。

・身体・知的機能

　知的な機能は佳良である。体重が少ない。体力があまりない。持久的なスポーツは得意ではないが，短距離走等は標準以上である。

・情緒的機能

　発達障害の疑いが示唆されている。感情のコントロールが苦手である。

　他の子どもに嫌なことを言われてキレた時に，「私なんて，どうせ○○や」と自己評価が低い発言がある。

・問題解決能力

　他の子どもに自分の嫌なことを言われると，すぐキレてしまい，自分より小さい子どもには暴言・暴力が出てしまう。

　話がどんどん移っていき，話し合いがしにくい。

　大人に対しては，やってほしいことを言わない。遠慮している感じがある。しかし，それで困ったことになるとキレ，職員に対しても暴言がある。

　暴言の後は，直後でもケロッとして，忘れているような感じがある。

・学校での状況

　まだ，転校して間もないために，特に問題はないと聞いている。

　朝起きにくい。職員が何度か起こしてやっと起きる。

・総合的アセスメント

　印象は，おとなしくボーイッシュな感じがある。初めての環境で緊張している様子である。小学校4年生としては，小柄で線が細い。お風呂や洗面を嫌がることがある。休みの日にはアニメのDVDを一日の大半見ていたり，マンガや本を読んでいたりゲームをしている。他の子どもと遊ぶことは少ない。

入所後エコマップ

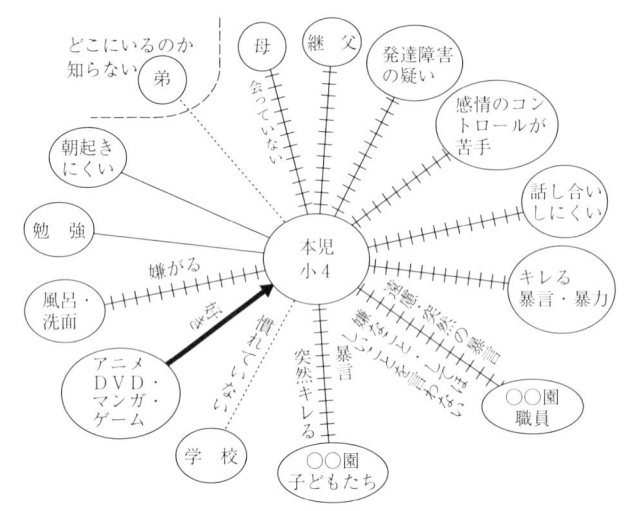

中心:本児 小4

周囲のノード:
- 弟（どこにいるのか知らない）
- 母（会っていない）
- 継父
- 発達障害の疑い
- 感情のコントロールが苦手
- 話し合いしにくい
- キレる・暴言・暴力
- ○○園職員
- ○○園子どもたち（突然キレる、暴言）
- 学校（慣れていない）
- アニメ・DVD・マンガ・ゲーム（必要）
- 風呂・洗面（嫌がる）
- 勉強
- 朝起きにくい

・課　題
　① 入所して間もない。
　② 職員に要求することがない。

・目　標
　① 園での生活に慣れる。
　② 自分のしてほしいことを職員に言える。
　③ 自分の嫌なこと，してほしくないことを職員に言える。

プランニング（①②③は上記目標，→は担当者）

　①a　園での生活について，職員が具体的に本児にわかるよう生活の中でその都度説明する。→ホーム職員全員

　　b　子どもや大人とのコミュニケーションのスキルを生活の中で教え，理解してもらう。→ホーム職員全員

　②a　要求が出せるよう，その都度コミュニケーションのスキルを教えて，理解してもらう。職員は聴く姿勢を見せ，言葉でも伝える。
　　　　→ホーム職員全員

b　要求がないか常に気にしながら，本児に聞く。→髙松
　③　園の生活で嫌なこと，してほしくないことについて本児と話をする。
　　　→髙松，主任

　　　　　　　　　以上，平成XX＋1年5月末までの期間

・目標達成度チェック表

児童名	山口陽子(仮名)	担当者名	髙松	評価日	平成XX＋1年3月28日

目標	達成度		
	達成できていない	半分達成	ほとんど達成
1　園での生活に慣れる	1　2　3	④	5
2　自分のしてほしいことを職員に言える	1　2	③	4　5
3　自分の嫌なこと，してほしくないことを職員に言える	1　2	③	4　5

・総合的評価

　園の生活にも幾分慣れ，要求も出せるようになってきた。入所当初は子どもたちの間で，自分の要求だけを唐突に出し，トラブルになることも多かったが，対人関係やコミュニケーションのスキルを少しずつではあるが学習できたことで，トラブルも減ってきている。本児のやりたいこととして，和太鼓を習っていたが，継続することはできなかった。

　本児は，職員に対して漠然とした不安（「自分で自分がわからない」など）を口にするようになってきているため，今後，児童精神科の受診なども視野に入れた支援を行っていく必要があると考えられる。

　保護者とは，諸般の事情があり，通信・面会などができなくなった。保護者との関係は，もう少し生活が安定し，また通信・面会が可能となった時点で調整することが必要である。児童相談所と協議して対応する必要がある。

　保護者との通信・面会　ができなくなったが，大人との関係づくりを求めていると思われ，職員との関係づくりを意識して支援していくことが必要である。

1回目のアセスメントとプランニングから評価を行う間に3度スーパービジョンを行った。さらに，評価を行ったのはグループスーパービジョンの席上であった。
　3度のスーパービジョンは，本児が①同ホームの子どもたちにキレることが重なった時，②担当職員になかなか話してくれず，何がしてほしいか，してほしくないかをなかなか聞けなかった時，③アニメのDVDばかり見て他の子どもたちとなかなか接触しなかった時にもたれた。
　また，評価は担当ワーカーが評価案を示し，スーパーバイザーとホームの職員全員の意見を聞いて行った。

　2回目のアセスメントとプランニングについて，髙松ワーカーが作成してきたものを，グループスーパービジョンで確認した。その中で，部屋や身の回りが清潔でないという課題に対するプランニングについてスーパービジョンの時間を割いた。具体的なプランをグループから出してもらい，スーパーバイザーと共に確認した。
　それ以外の課題についても，グループの協力を惜しまない意見が多数あった。髙松ワーカーは非常に支えられている気持ちになった。
　この支援計画の進行中に2度グループスーパービジョンを行った。それは①クラス替えとクラス担任の変更に伴い，学校でも園でもトラブルが多発した時，②キレて暴言が出た時であった。
　また評価もグループスーパービジョンで行った。

巻末資料

児童支援計画　No.2

平成XX＋1年度　児童氏名：山口陽子(仮名)(小5), 平成XX＋1年4月30日作成
　　　　　　　　　ホーム名：うめ　担当：高松・CW山田, 担任：清水先生

エコマップ

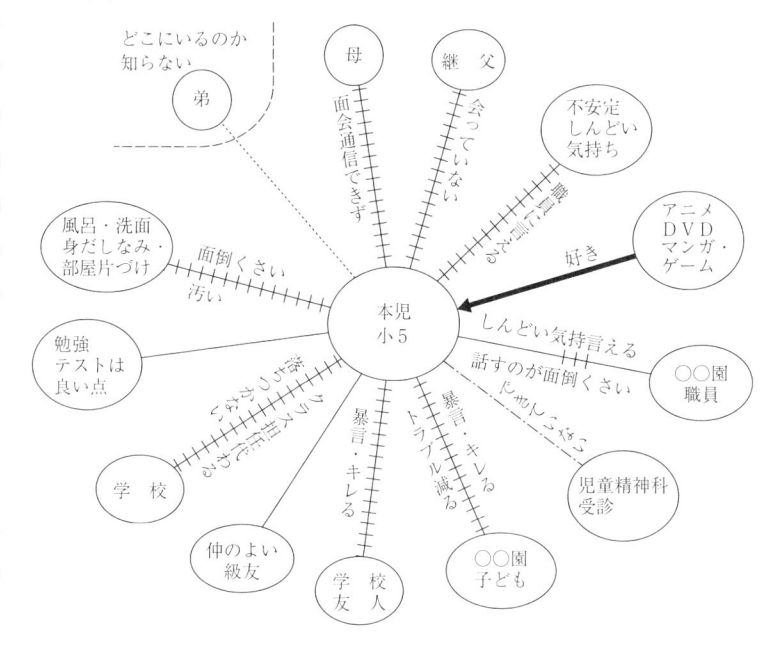

- 弟：どこにいるのか知らない
- 母：面会通信できず
- 継父：会っていない
- 不安定　しんどい気持ち
- アニメ・DVD・マンガ・ゲーム：好き
- 風呂・洗面・身だしなみ・部屋片づけ：面倒くさい・汚い
- 勉強テストは良い点
- 学校
- 仲のよい級友
- 学校友人：暴言・キレる
- ○○園子ども：暴言・キレる　トラブル減る
- 児童精神科受診
- ○○園職員：しんどい気持ち言える　話すのが面倒くさい

本児　小5

アセスメント

・対人関係（家族関係を含む）

　5年生になって，学校でも，園でも対人関係がうまくいかないことが多く，トラブルがある。

　他の子どもから非難されることも多く，その場合には暴言・暴力が出ることもある。

　アニメとマンガやゲームで一人で遊ぶことが多い。

　大人と話をするのは面倒くさそうな態度が目立つ。

・身体・知的機能

173

体重と身長は増えている。食欲はある。宿題はしないこともあるが，テストは良い成績である。
・情緒的機能
　　　不安定な状態が続いている。担当職員に「しんどい」と訴えることがある。
・問題解決能力
　　　他の子どもに自分の嫌なことを言われると，すぐキレてしまう。
　　　大人に対しては，話すのが面倒くさいといった感じがある。自分の思うとおりにならないと，職員に対して暴言がある。暴言の後は，直後でもケロッとして，忘れているような感じがある。
・学校での状況
　　　クラスと担任が代わり，落ち着かないような感じが続いている。仲の良い級友と同じクラスになり，一緒に登校するなど，今までにない変化もある。
・総合的アセスメント
　　　風呂や洗面を面倒くさがり，職員が促しても，なかなかしようとしない。部屋が乱雑で不衛生であり，同室の女子から不満が出ている。身だしなみができない。いつもジャージを着ている。促さないと着替えをしない。
・課　題
　　① 対人関係がうまくいかない
　　② 部屋や身の回りが清潔でない
　　③ 不安が高く，不安定な時がある
・目　標
　　① 対人関係のもち方を少しでも改善する
　　② 部屋や身の回りを清潔にする
　　③ 不安が少しでも和らぎ，できるだけ穏やかに生活する

プランニング（①②③は上記目標，→は担当者）
　　① a　職員が普段の生活の中でコミュニケーションのスキルを用いて接する。→ホーム職員全員
　　　 b　職員がコミュニケーションのスキルについて，その場その場で説明

　　　　をし，理解をすすめる。→髙松
　　c　職員が対人関係やコミュニケーションについての話を聞き，うまくできているときには褒める。→髙松
　　d　キレたり，暴言をしてしまいそうな場合には，職員に助けを求めるよう声掛けをする。→髙松
　　e　キレたり，暴言が出た場合には，タイムアウトをして，落ち着くようにする。→ホーム職員全員
　　f　職員にしてほしいこと，してほしくないことを伝えるように声掛けを継続していく。→ホーム職員全員
②a　整理整頓の声掛けをし，本人が納得したときには一緒に片づけをする。→髙松
　　b　歯磨き，洗面の声掛けをする。歯磨き，洗面の時にできるだけ職員が共にいて楽しく行う。→髙松
　　c　散髪の声掛けをし，一緒に散髪に行く。→髙松
　　d　着替えの声掛けをする。→ホーム職員全員
　　e　普段の生活の中で，服装についての話をし，必要な場合には一緒に買いに行く。→髙松
③a　1週間に一度時間をとり（15分以上）共に一対一で話をする。その中でできれば「しんどい」ことについて話をする。できればその中で不安について話をする。→髙松
　　b　児童精神科の受診をすすめる。→髙松
　　c　児童精神科の予約，送迎をする。→髙松
　　d　医師と情報を共有する。→髙松，主任

　　　　　　　　　　以上平成XX＋1年12月末日までの期間

・目標達成度チェック表

児童名	山口陽子(仮名)	担当者名	髙松	評価日	平成XX＋1年12月21日

	目　　　標	達成度
		達成できていない / / 半分達成 / / ほとんど達成
1	対人関係のもち方を少しでも改善する	1　2　③　4　5
2	部屋や身の回りを清潔にする	1　②　3　4　5
3	不安が少しでも和らぎ、できるだけ穏やかに生活する	1　2　③　4　5

・総合的評価

　　5年生になって、クラスと担任が代わり、当初は大変戸惑いがあり、学校でも園でもトラブルが多かったが、一学期の半ばから段々と落ち着きを見せてきた。友人も一人でき、学校で一緒にいることができている。たまに、暴言が出ることがあるが、頻度は減っている。イライラした時には職員に言うように声掛けをしているが、それはできていない。キレて暴言が出た時には、すぐに職員が割って入ることができ、タイムアウトすれば、しばらくすると落ち着くことができている。普段は職員にしてほしいこと、してほしくないことをうまく伝えることができるようになってきている。

　　部屋は、相変わらず雑然としているが、不衛生なものについては、一緒に片づけ、捨てられるようになってきた。一緒に片づけることについては抵抗感がなくなってきている。歯磨き、洗面は毎日声掛けをすることでできているが、取り掛かるまで時間がかかることが多い。散髪や着替えも声掛けをするとできるが、声掛けをしてから時間がかることが多い。服装については無頓着で、声掛けをしないといつまでも同じものを着ている。服を買いに行くことを誘っても、気乗りがしない様子である。冬休みに入ったら担当とお正月の服を買いに行く約束をしている。

　　職員とはだんだん長く話ができるようになり、最近では一緒にドーナツを食べに行くことなどができるようになってきた。その中で、「しんどい」ことが吐露できるようになっている。そのことで少し安心していると言う。児童精神科への受診をすすめているが、まだ行くことに踏み切れていない。「知らないお医者さんと会うのがいやや」と言っている。

児童支援計画 No. 3（小５時，平成 XX＋１年12月作成）～児童支援計画 No. 7（中１時，平成 XX＋４年３月作成）は紙面の都合上省略する。児童支援計画は半年～３か月間隔でアセスメント，プランニング，評価を繰り返した。この間本児は小学校を順調に卒業した。児童精神科の受診も継続できるようになり，自閉症スペクトラム（アスペルガー型）と診断された。中学１年生になり，７月頃から不登校が続いていた。寝ているかアニメを見るか，マンガを読むかゲームをするという生活であった。マンガやアニメのレンタルや買い物には出かけ，担任の先生や仲の良い友達が来園すると楽しそうに話したりしていた。児童精神科受診は継続していた。小学校６年生時に保護者との面会・通信制限は解けたものの，母からは誕生日に電話があるだけだった。児童相談所と保護者との協議は続いた。虐待を認めつつあるとのことであった。協議の結果，本児が中学２年生になった４月から児童相談所で母に面会することになった。本人はどうでもよいという様子だったが，不定期に会うことに同意した。この間担当職員（髙松）が産育休に入り，担当が村田に変わった。

この時期は，いわゆる「思春期」をむかえ，身体と心の大きな変化があり，誰もが落ち着かない時期である。また，自分がどのような人間であるのか，どう生きていけばいいのか，さらに自分と社会（まわりの環境）との関係を深く考え始める時期でもある。このような時期をむかえ，本児は不登校を経験した。支援者ははじめのうちは登校を促したが，アセスメントの際に何度も本児の不登校の意味を考え，さらに本児の気持ちに寄り添って，本児が動き出すのを待った。自閉症スペクトラムの特性や不登校に関する不安もあり，でも学校には行けない状況について共感し，気持ちを理解できるように努めた。同時に生活リズムをできるだけ整えるようにしたり，学校や友達との関係をできるだけ切らないようにしたり，生活の中にできる限り楽しみを見出したり，基本的な学習を継続したりする支援を行った。

もちろん，本人だけでなく，支援者も焦ったり不安になったりしたが，今現在の子どものニーズを見つめ，見極める努力の中で，支援者は焦りや不安を払拭し，子どもの気持ちに寄り添った支援を行った。

児童支援計画 No. 3～No. 7の間はそれぞれの児童支援計画をたてる時と評価をするときに，必ずグループスーパービジョンを行った。

この間，担当職員が髙松ワーカーから村田ワーカーに代わり，村田ワーカーは同

ホームでのグループスーパービジョンに参加していたので，初めからの経過をよく理解していたので，引継ぎも順調に行われた。

　さらにこの約2年半の間，特に学校に行かなくなった時には2～3カ月に1度（計6度）はグループスーパービジョンを行った。支援者の不安に焦点を当てた回もあった。さらに子どもの気持ちがわからなくなってスーパービジョンに出したこともあった。さらに保護者との協議について園長と副園長を交えてスーパービジョンを開催したこともあった。

　8回目のアセスメントとプランニングの際にもグループスーパービジョンを行った。その中で，登校できていない状況を職員が理解することにスーパービジョンの時間を割いた。さらに評価の際にもグループスーパービジョンを行った。

　特になぜ，登校できていないのか，子どもの気持ちをわかろうとするワーカーを支持する事をスーパービジョンでは特に意識した。さらに，登校できていない場合でも，生活リズムをいかに整えるか，部屋の片づけや衛生面の課題をどうするのかという事にスーパービジョンの時間を割いた。ホームの他の職員からも多くのフィードバックやアイデアが出てきた。

児童支援計画　No. 8

平成XX + 4 年度　児童氏名：山口陽子（仮名），平成XX + 4 年 6 月30日作成

ホーム名：うめ　担当：村田・CW 山本，担任：森先生

エコマップ

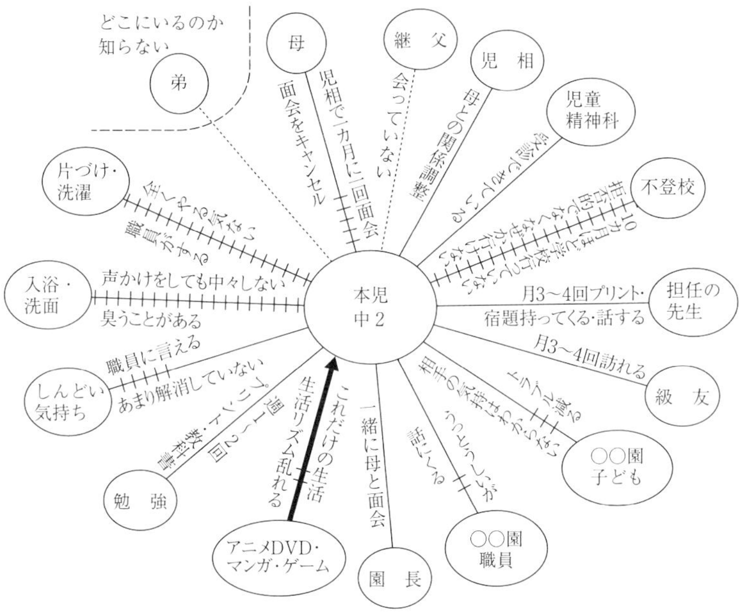

どこにいるのか
知らない
弟
母
継　父
児　相
児童
精神科
不登校
担任の
先生
級　友
○○園
子ども
○○園
職員
園　長
アニメDVD・
マンガ・ゲーム
勉　強
しんどい
気持ち
入浴・
洗面
片づけ・
洗濯
本児
中 2
児相で一カ月に一回面会
面会をキャンセル
会っていない
母との関係調整
受診できている
10カ月ほど学校行っていない
月3～4回プリント・
宿題持ってくる・話する
月3～4回訪れる
トラブル減る
うっとうしいが
話にくる
一緒に母と面会
これだけの生活
生活リズム乱れる
週1～2回
職員に言える
あまり解消していない
声かけをしても中々しない
臭うことがある
職員がする

アセスメント

・対人関係（家族関係を含む）

10カ月ほど不登校が続いている。友達や担任の先生が来てくれると，嫌がらずに話をしている。

園での生活では，以前に比べるとトラブルは激減しているが，他の子どもとの関わりは少ない。

担当のことはうっとうしいと思いながらも，言いたいことがあったり自分の用事がある場合には話をしに来る。

話し合いをしようと思うが，話し合いの内容はほとんどアニメとマンガの

ことである。園の子どもともアニメとマンガのことはよく話している。
　児童相談所で母との面会を月1回行うことになっているが，4月は園長，担当職員と一緒に行った。行った後の気持ちを聞いたが，「わからへん」と言い，あまり話したくない様子であった。5月は本人が「行きたくない」と言い，面会をキャンセルした。
・身体・知的機能
　運動不足である。学校は行っていないため，学習は遅れがちである。園で学習の時間をもうけているが，週に1～2度，30分ほど担任の先生がもってきてくれたプリントの宿題をしている。担当が教えながらやってもいるが，自分で教科書を見ながらやっていることも多い。
・情緒的機能
　以前のように，キレたり暴言を発することは少なくなってきたが，時々同室の年下の子どもにきつい言葉で怒鳴っていることがある。職員が言われた側の気持ちがどのようなものか，こんな風に言った方がいいのではないか，などというが，受け入れがたい様子である。「しんどい」気持ちは職員に言うことができるが，あまり解消している感じではない。
・問題解決能力
　部屋の片づけや洗濯等に対しては全くやる気がない。職員が積極的に入って整頓，洗濯をしている。
　学校に関しては拒否的と言うより，なぜか行けないという様子である。
・学校での状況
　中学1年の7月からほとんど学校には行っていない。担任の先生や学友が月に3～4回訪れてくれる。その時はよく話をしている。
・総合的アセスメント
　学校に行かず，生活リズムが乱れている。アニメとマンガ，ゲームだけの生活となった。園の子どもたちとは最低限コミュニケーションをとっている。トラブルは随分少なくなったが，子どもたちとの接触も少なくなった。日課を決めて，壁に日課表を貼り，できるだけその通りにするなどの配慮はしているが，日程表通りいかないことが多い。

・課　題
　① 人と接することが少なく，接するとトラブルがある。
　② 学校に行っておらず，生活リズムが乱れている。
　③ 部屋の片づけや身の回りの清潔が保ちにくい。
　④ 保護者との関係がほとんどない。
・目　標
　① 適切な方法で人と接することができる。
　② 職員が登校できていない状況を理解する（なぜいけないのか等）。
　③ 本人の生活リズムが整う（朝決まった時間に起きて夜寝ることができる，勉強をする等）。
　④ 部屋の片づけや身の回りの清潔が最低限保持できる（人に不快感を与えない程度）。
　⑤ 保護者との関係を考えることができる。

プランニング（①②③④⑤は上記目標，→は担当者）
　① a　対人関係のスキルを生活場面で話をする。きついことを言われた相手がどのような気持ちになるかを説明する。→ホーム職員全員
　　 b　私メッセージで職員の気持ちや「こう言った方が良いと思う」という意見を言う。→ホーム職員全員
　　　　a，bを継続して言い続ける。
　②③
　　 a　登校できていない状況を理解するために，学校にいけていない時に話をする。→村田
　　 b　学校にいけていない時に，30分勉強をする。→村田
　　 c　学校にいけていない時に，朝起きる時間，アニメ，マンガ，日課，寝ること等について話をする。→村田
　④ a　入浴，洗面，着替え，片づけ，洗濯の声掛けをし，一緒に行う。
　　　　　→村田（ホーム職員全員の協力を得る）
　　 b　部屋の片づけを一緒に行う。一緒に片づけたいという気持ちを伝え

る。→村田
　⑤　話をするときに，機会があれば母に対する気持ちを共感的に聴く。
　　　　→村田

　　それ以外に児童精神科の受診を継続する。

　　　　　　　　　　　　　　以上期間は平成XX＋4年9月末まで

・目標達成度チェック表

児童名	山口陽子(仮名)	担当者名	村田	評価日	平成XX＋4年6月29日

	目　　　標	達成できていない	半分達成	ほとんど達成
1	適切な方法で人と接することができる。	1　2　③　4　5		
2	職員が登校できていない状況を理解する（なぜいけないのか，等）。	1　2　3　④　5		
3	本人の生活リズムが整う（朝決まった時間に起きて夜寝ることができる，勉強をする等）。	1　2　③　4　5		
4	部屋の片づけや身の回りの清潔が最低限保持できる（人に不快感を与えない程度）。	1　②　3　4　5		
5	保護者との関係を考えることができる。	①　2　3　4　5		

・総合的評価

　　対人関係のスキルについては，繰り返し説明し，私メッセージで伝えたが，中々聞き入れられないことが多く，同じようなトラブルや本人や他の子どもたちの傷つきが繰り返されている。しかし，調子のいい時には「こういうふうに言ったらいいのやね」と言ったりすることもあり，理解が進んでいる様子がある。また，人に言われた言葉に傷ついた場合には，「傷ついたわ」と職員に言えることも増えてきた。トラブルは幾分少なくなっている。

　　登校できていないことについては，「面倒くさいから」と言う。関心はアニメ，マンガ，ゲームにしかないような様子である。繰り返し，朝起きる時間，アニメやマンガ，ゲームなどについて気持ちを聞きながら，話をした。

最近では朝，9時ごろには起きられるようになってきた。入浴については声掛けをすると週1～2回は確実に入れるようになった。部屋の片づけについては，職員が片づけている横に立って，どこに置くのか，どうしてほしいのかという話ができるようになっている。
　「お母さんと会いたいかどうか」話をしようとするが，「わからない」と話すことを拒否する。
　学校にも全く登校できておらず，アニメやマンガ，ゲーム漬けの日々であるが，職員と少し腹をわった会話ができるようになってきている実感がある。繰り返して働きかけていくことが重要だと職員は思えるようになった。
　児童精神科の受診は月に一度継続している。その送迎の途中で職員と飲み物を飲んでお菓子を食べることは気に入っている様子であり，色々な話ができるようになった。受診の前には，一度促すだけで，着替えるようになった。

　児童支援計画 No. 9（中2時，平成 XX＋4年12月作成）～児童支援計画 No. 10（中3時，平成 XX＋5年6月作成）は紙面の都合上省略した。児童支援計画は半年間隔で同じようにアセスメント，プランニング，評価を繰り返した。この間，不登校は続いていたが，中学3年生の2学期から，発達障害の子どものための教室（ひまわり教室〔仮称〕）に週3～4回通うようになった。これも最初のころは，なかなか決心がつかず，声掛けを継続して実現した。行きはじめると，職員の送迎もあって続けていけるようになった。母は継父と別居ののち離婚された。児童相談所での母との面会も中学2年生の2月から実現し，月1回ほぼ継続的に行われてきました。中学3年生の後半にさしかかり，進路のことも気にするようになってきた。
　児童支援計画 No. 9～No. 10 の間はそれぞれの児童支援計画をたてる時と評価をするときに，必ずグループスーパービジョンを行った。さらにこの間2度グループスーパービジョンを行った。そのスーパービジョンでは，不登校は続いているものの，明らかに表れてきた子どもの変化に焦点を当てた。ひまわり教室への通学や母親との面会等についてもグループスーパービジョンで話し合った。村田ワーカーは迷いもあったが，スーパービジョンを受けながら送迎等の支援を行い，迷いはあるものの支援

の方向性を確定していった。

　村田ワーカーは児童支援計画 No. 11 をたて，グループスーパービジョンで確認をした。ホームの他の職員からも，日常生活における子どもの肯定的な変化に関するフィードバックが多数あり，成長が認められることをホーム職員全体で共有した。

　中３という学年であり，進路のことが本人にも職員にも大きなことであり，特に進路のことを本人の意向を第一に柔軟に決定する支援をすることを確認した。グループスーパービジョンでは，スーパーバイザーや他の職員からたくさんの高校に関する情報も提供された。

児童支援計画　No. 11

平成XX＋5年度　児童氏名：山口陽子（仮名），平成XX＋5年10月25日作成
　　　　　　　　　ホーム名：うめ　担当：村田・CW 山本，担任：山内先生
　　　　　　　　　ひまわり教室（仮称）：吉田先生

エコマップ

（図：本児 中3 を中心としたエコマップ）

- 弟
- 母：家での生活は嫌，継続的に面会
- 継父：母と離婚
- 学校
- ひまわり教室
- 勉強
- 進路 高校進学：行きたい気持，自分のこととして考える
- 担当職員
- 園　長
- 児童精神科：受診継続
- しんどい気持 不安：幾分楽そう
- アニメDVD・マンガ・ゲーム
- 入浴・洗面・着替：面倒がるが声かけでできる
- 部屋片づけ・洗濯

184

アセスメント
- 対人関係（家族関係を含む）

　　園の子どもともあまりトラブルがなく生活できるようになった。ひまわり教室（仮称）では担当の先生とも意思疎通ができていると先生がおっしゃっていた。

　　キャンセルがありながらも，母とは継続的に会い（園長，職員，CWとカンファレンスという形で）すこしずつ関係が取れるようになった。進路のことなども話に出ている様子である。また別居していた継父と母の離婚が成立したことで，外泊ができる環境が整ってきた。しかし，家で生活することは嫌だと言っている。

- 身体・知的機能

　　遅刻もあるが，朝頑張って起きてひまわり教室（仮称）に行っている（1カ月）。職員が送迎している。ひまわり教室（仮称）では，復習的な勉強を行っている。ひまわり教室（仮称）に行った日は疲れていて，「しんどい」を繰り返している。児童精神科受診は継続している。

- 情緒的機能

　　不安を訴えることが少なくなり，担当とも構えずに話ができるようになり，幾分楽そうな様子である。ただ，ひまわり教室（仮称）に行った日には，「しんどい」という訴えが多い。

- 問題解決能力

　　頑張ってひまわり教室（仮称）に通っている。勉強もそれなりに頑張って行っている。

　　高校に行きたい気持ちが強くなってきている。

　　身の回りのことについては，手助け，声掛けが必要である。

- 学校での状況

　　ひまわり教室（仮称）では，級友と話しをしている。10月になって週4回ほとんど遅刻せず通っている。集中できないことも多々あるが，先生からは勉強も本人なりに熱心にしているという事をお聞きした。

　　中学校の担任の先生が来園され，本人担当とで進路のことについて話がで

きた。
・総合的アセスメント

　母との面会の安定的な継続，ひまわり教室（仮称）への通学等，大きな変化が起きてきたと考えられる。何が，そうさせたのかはわからないが，今後も継続的に今までのような支援を状況に合わせて行っていくことが必要と思われる。

　本人にも進路についての意識が出てきて，志望校が決まりつつある。中学校の担任の先生と進路のことについて話し合うことができるなど，自分のこととして考えられるようになった。

　今後は，進路の決定と受験勉強にも支援が必要である。

　入浴，洗面については，寒さに向かう中，声掛けを行っていく必要がある。部屋の整理は手助けをしている。

・課　題
　① 進路が決定できていない
　② 受験勉強をする必要がある。
　③ ひまわり教室（仮称）に続けて通学する。
　④ 入浴，洗面がおっくうになる。
　⑤ 母との関係調整が必要である。
・目　標
　① 進路（進学先高校）が決定できる。
　② 受験勉強ができる。
　③ ひまわり教室（仮称）に続けて通学できる。
　④ 洗面は毎日，入浴は週2回できる。
　⑤ 児童相談所での母との面会（園長，職員，CW同席）を続け，母と少しでも話し合える。

プランニング（①②③④⑤は上記目標，→は担当者）
　① 中学校の先生，母，園長，担当職員と話す機会を設け，進学先を考え，

決定する。→村田，主任
② a 職員，学習支援ボランティアと受験勉強をする。週３日２時間程度。→村田
　 b 勉強でわからないことについて気を配り，一緒に勉強し，できたことをほめる。→ホーム職員全員
③ a ひまわり教室（仮称）への送迎をする。→村田，ホーム職員
　 b ひまわり教室（仮称）へ行く日の前夜に準備をし，着ていく服を整える。→ホーム職員全員
④ 洗面，入浴の声掛けをする。→ホーム職員全員
⑤ 母との面会の前日と当日に声掛けをする。→村田

平成XX＋6年2月末までの期間

・目標達成度チェック表

児童名	山口陽子(仮名)	担当者名	村田	評価日	平成XX＋6年3月15日		
目標				達成度			
				達成していない	半分達成		ほとんど達成
1 進路（進学先高校）が決定できる。				1	2	3	4	⑤
2 受験勉強ができる。				1	2	3	4	⑤
3 ひまわり教室に続けて通学できる。				1	2	3	4	⑤
4 洗面は毎日，入浴は週2回できる。				1	2	3	④	5
5 児童相談所での母との面会を続け，母と話し合える。				1	2	3	4	⑤

・総合的評価

　進学先は，第2志望のH高校（私立）に決定した。母も高校進学に関して協力してくれるという約束がとれた。

　11月から2月上旬という短い期間であったが，集中して受験勉強も頑張って行った。ひまわり教室（仮称）にもあまり休まず通学し，卒業式には出席しなかったが，中学校を卒業した。式後，担任の先生が来園し，本人に卒業証書などを渡していただいた。

入浴は週1回になることもあったが，ほぼ週2回あまり抵抗なく入れるようになった。体臭もあまり感じなくなり，髪の毛もとりあえず整えて外出するようになった。部屋は相変わらず乱雑であるが，同室の子どもから文句が出ることはなくなった。園の子どもたちとのトラブルもなく，受験終了後は好きなアニメやマンガなどを見ている。
　　　全体的に穏やかになり，話も落ち着いてできるようになった。
　　　今後は，高校生活を本人の意向に沿って続けるよう支援する必要がある。

　児童支援計画 No. 12 の策定後グループスーパービジョンで確認した。高校入学後，環境の変化にもかかわらず，キレたり，暴言を吐くことはほとんどなくなっている。グループスーパービジョンではこの肯定的変化を強化するにはどうしたら良いかを話し合った。
　コミュニケーションスキル，特に私メッセージを使っての声かけをロールプレイした。ロールプレイは担当職員だけでなく，新しく入職した職員はじめホーム職員全員が参加した。ロールプレイの後には参加者全員によるフィードバックを行った。

巻末資料

児童支援計画　No.12

平成XX＋6年度　児童氏名：山口陽子（仮名），平成XX＋6年5月25日作成
　　　　　　　　ホーム名：うめ　担当：村田・CW山本，担任：藤井先生

エコマップ

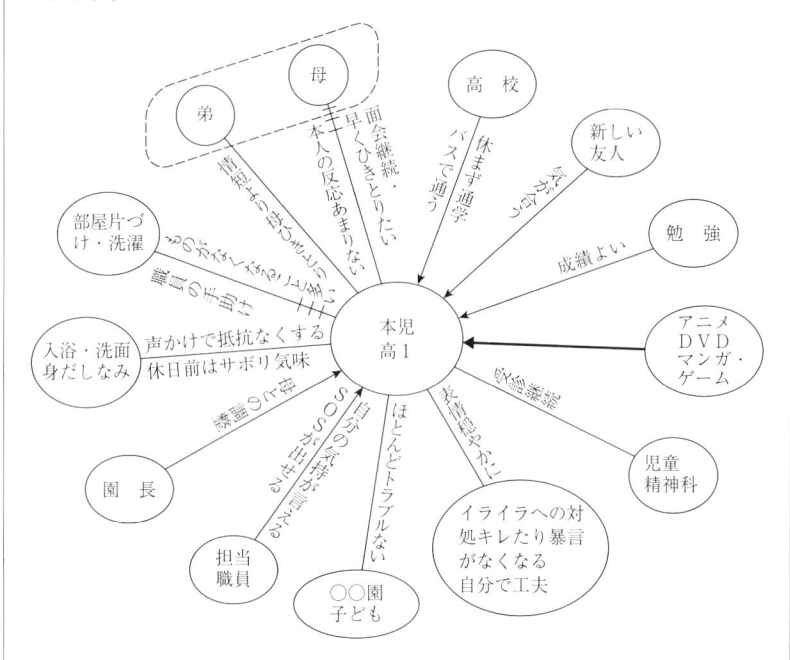

（エコマップ図：中心に「本児 高1」、周囲に「弟」「母」「高校」「新しい友人」「勉強」「アニメ DVD マンガ・ゲーム」「児童精神科」「イライラへの対処 キレたり暴言がなくなる 自分で工夫」「〇〇園子ども」「担当職員」「園長」「入浴・洗面 身だしなみ」「部屋片づけ・洗濯」などの要素が配置されている）

母：面会継続・早くひきとりたい／本人の反応あまりない
高校：休まず通学／バスで通う
新しい友人
勉強：成績よい
アニメDVDマンガ・ゲーム
児童精神科：定期通院
イライラへの対処 キレたり暴言がなくなる 自分で工夫
〇〇園子ども：ほとんどトラブルない／表情穏やかに
担当職員：自分の気持ちを言えるSOSが出せる
園長：信頼の声かけ
入浴・洗面 身だしなみ：声かけで抵抗なくする／休日前はサボリ気味
部屋片づけ・洗濯：職員の手伝いで少しずつできる

アセスメント

・対人関係（家族関係を含む）

　高校に入学し，新しい友人が複数できている。アニメやマンガの趣味が合うと本人も喜んでいる様子である。母とは，児童相談所で園長，担当，CWと一緒に定期的に会っている。母は離婚後，子どもたちと一緒に住むため，転居し，4月から情緒障害児短期治療施設に入所していた弟とともに暮らすようになった。児童相談所での面会の折にも，母は本児とも早く同居したいという旨を言うが，本児の反応はあまりない。

・身体・知的機能

児童精神科受診を継続している。高校の入学時テストでよい成績をとった。嬉しそうだった。
・情緒的機能
　　キレたり，暴言を吐くことはほとんどなくなった。イライラしても，自分でその場を離れたり，違うことをやってみたり，工夫をしている様子である。どうしてよいかわからないことについては，反応を示さない。それにできるだけこだわらず，次のことに移るよう努力している様子が見て取れる。
・問題解決能力
　　イライラや，どうしてよいかわからないこと，対人関係などについて，自分なりの方法で，対処できている。
　　しんどくなったら，職員にSOSを言える。
　　勉強はあまりストレスなくできる。
・学校での状況
　　入学時のテストがクラスでも5番以内に入っていた。そのことを本人も喜んでいる。友達ができ，学校に行くことにあまりストレスを感じていない様子である。高校ではキレたり暴言を吐くことは一度もない。園長，担当で，高校の教頭，担任の先生と園でカンファレンスをし，本人の発達障害や状況について説明し協議した。
　　約1カ月半1度しか休まず（遅刻2回）通学している。4月は職員が送迎をしていたが，連休前に，担当職員とバスで一度だけ一緒に登校し，バスの時間の確認などを行って，次の日からは自分で行けている。朝起こすことは必要である。
・総合的アセスメント
　　表情が穏やかである。会話がスムーズにできるようになった。バスの通学を渋っていたが,一度担当職員と一緒に登校し,帰りのバスも確認したが,その次の日から自分で登下校するようになった。あまり深い話は苦手であるようだが，職員に「しんどい」だけではなく,「○○なことが嫌やった」などの自分の気持ちを言えるようになった。入浴や洗面，着替えは声かけをするとあまり抵抗なくする。休み中や休み前は入浴,洗面,着替えをさぼり気味である。

巻末資料

・課　題
　① 高校に安定的に通学する。
　② 母との関係調整が必要である。
　③ 新しい学校，対人関係のなかで生活する。
・目　標
　① 高校に安定的に通学する。
　② 母との関係調整をする。母への気持ちの整理をする。
　③ 高校での対人関係に慣れる。

プランニング（①②③は上記目標，→は担当者）
　① a　起床の声かけをする。→ホーム職員全員
　　 b　前の晩に，制服等通学に必要なものを一緒に確認し準備する。
　　　　→ホーム職員全員
　　 c　担任と連絡を取り合い，学校での様子，下校後の様子などについて情報を共有する。→村田
　　 d　入浴，洗面，着替えの声かけをする。→ホーム職員全員
　　 e　学校での話をゆっくりする（30分程度）機会を1週に一度はもつ。
　　　　→村田
　　 f　学習について支援する。→職員・学習ボランティア
　　 g　児童精神科への受診の声かけ，送迎をする。医師と連絡を取り合う。
　　　　→村田，主任
　② a　児童相談所での母との面会を継続する。→園長，村田
　　 b　母のことや母への気持ちについて，話をする（月1回程度）→村田
　③ a　担任と連絡を取り合い，学校での様子，下校後の様子などについて情報を共有する。→村田
　　 b　日常生活の中で，学校への気持ち，友達などへの気持ちを話す機会をもつ。→村田

　　　　　　　　　　　　　以上期間は平成XX＋6年9月末日まで

児童支援計画 No. 13（高１時，平成 XX ＋ 7 年 1 月作成）～児童支援計画 No. 15（高２時，平成 XX ＋ 7 年11月作成）は紙面の都合上省略する。児童支援計画は半年間隔で同じようにアセスメント，プランニング，評価を繰り返した。この間，高校の協力も得て，たまに起きられず欠席や遅刻はあるものの，順調に通学し，勉強にも努力して学校内では良い成績をおさめていた。部活は行っていなかったが，高校では少数の仲の良い友達の中であまりストレスを感じることなく過ごしているようであった。児童精神科の受診も，高校１年生の秋から経過観察となり，半年に１度だけ通院することになった。薬も必要ないという事であった。母との関係については，協議の結果，児童相談所での面会を母と弟と３人の面会に切り替え（高１夏休みから），さらに，自宅への外出（高１，11月から），外泊（高１，正月から）を実施した。また，徐々に担当へ気持ちを言えるようになって，母や弟のことについても否定的感情と肯定的感情が入り混じった複雑な心情を話せるようになった。仲の良い友人と街に出かけて遊んでくることもできるようになった。
　また，園内では対人関係のトラブルはほとんどなくなった。ただ，あまり人のことには関心が無いようで，当然気づいているだろうと思われることでも，職員や他の子どもから言われるまで知らないことがたくさんあった。ホームで最年長となり，同室の自分より下の子どもに関して，マンガを勝手に読んだと怒ってきつく言ったりすることもあったが，何かを頼まれるとしてあげるなどの優しい面を見せることがあった。
　入浴，洗面，着替えについては，長期休暇以外は声かけで自分から行っていた。基本的にマイペースな生活であったが，本児なりに高校生活を楽しんでいるような様子であった。高２の秋頃から進路について考え始めた。大学進学は，費用の点で無理かと本児は考えていたようだが，園長や職員が奨学金などについて調べ，説明した。そのことについて理解したようで，奨学金をもらって大学に進学することを希望するようになった。文系の学部について調べ，オープンキャンパスなどにも参加するようになったが，まだあまり現実感がないようであった。学校の勉強は得意不得意科目の差が激しいこともあったが，基本的に頑張って行っていた。外泊すると勉強ができないと，テスト前などは週末も園にいることが多く，家に対する執着はあまり感じなかった。
　児童支援計画 No. 13 ～ No. 15 の間はそれぞれの自立支援計画をたてる時と評価をするときに，必ずグループスーパービジョンを行った。さらにこの間２度グループ

スーパービジョンを行った。子どものニーズも変化しトラブルも影をひそめ，生活や勉強を楽しめるようになってきている。また，高校卒業後の進路が大きな課題となってきた時期である。

　大学進学を視野に入れ始め，進学先や奨学金に関しても，グループスーパービジョンで情報を集めた。スーパーバイザーも園長と協力していろいろな情報を仕入れ，担当職員と子どもにすすんで提供した。外泊時等に見せる母親との関係がぎくしゃくしていることを，担当職員は気にしていたが，無理に母との関係を良くしようとすることはもしかしたらワーカー側のニーズではないかという意見がスーパーバイザーからあり，村田ワーカーはそれに納得できた。さらに，グループスーパービジョンの中で話し合い，子どもと母なりの関係を築いていけばよいという事に気づいた。

児童支援計画　No. 16

平成XX＋7年度　児童氏名：山口陽子（仮名），平成XX＋7年5月2日作成
　　　　　　　ホーム名：うめ　担当：村田・CW山本，担任：佐々木先生

エコマップ

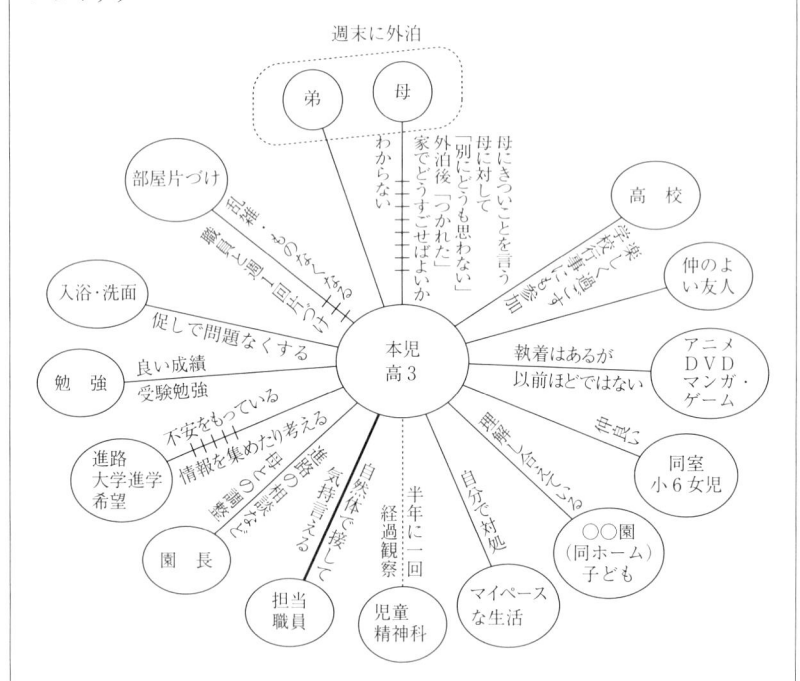

```
                    週末に外泊
              ┌─────────────┐
              │  弟    母   │
              └─────────────┘
                       │
   部屋片づけ          母外家「母                高　校
              自泊でに別
              分後どう段
   入浴・洗面   でうい                          仲のよい友人
              促して問題なくする
   勉　強　良い成績                             アニメ
         受験勉強          本児               DVD
         不安をもっている   高3    執着はあるが    マンガ・
   進　路　情報を集めたり考える       以前ほどではない ゲーム
   大学進学
   希　望                                    同室
                                           小6女児
   園　長       自分で対処
              担当   児童    マイペース        ○○園
              職員   精神科   な生活          （同ホーム）
                    半年に一回               子ども
                    経過観察
```

アセスメント

・対人関係（家族関係を含む）

　　3年生になって，仲の良い友達（○○さん）とクラスが分かれるが，登下校の折は同じバスに乗って通っている。

　　学校では1人でいることが多いが，学校行事などの取り組みには参加し，役割を果たしている。学校では全くトラブルを起こすことはない。2年の終わりにスキー旅行に行ったが，楽しく過ごせたとのことである。園では，目立たないが，同室の小学6年生とは仲が良い。ホームでの食事づくりなどは

気が向けばやり，ホームの子どもたちと一緒に作っている。本児がマイペースなのをホームの他の子どもたちもよく理解しているようである。
　外泊を週末などに行っているが，帰ってくると「つかれた」と言っている。家でどう過ごせばよいのかがわからず，混乱するようである。母についてどう思うか尋ねると，以前より否定的な感情は語らなくなったが，「別にどうも思わへん」と言う。進学のことについて話をしているようであるが，母に色々なことを教えるという様子で，母にきついことを言っていることもある。

・身体・知的機能
　身体的には健康である。児童精神科も半年に1度通院し経過観察しているのみである。基本的に服薬はしていない。
　学校では，良い成績を維持し大学進学を目指して，受験勉強をしている。

・情緒的機能
　ストレスを感じないように，マイペースで生活している。自分で生活のペースをある程度コントロールできるようである。当然気づいているだろうことが，職員等に言われるまで気が付いていないことがある。しかし，そのことを気にしている様子はなく，「そうなんや」と素直に受け取っている。

・問題解決能力
　マイペースで生活することで，トラブルやストレスを避けることができている。大学のことについても受け身ではあるが，情報を集め，模擬試験やオープンキャンパスなどに行っている。奨学金の情報についても，園長や職員の説明をよく聞き，よく理解できている。

・学校での状況
　学校は，時々休んだり，遅刻することもあるが，順調に登校している。

・総合的アセスメント
　不衛生ではないにしても，相変わらず部屋は乱雑である。職員とともに週一度程度片づけをする。ものが無いと探していることが多い。アニメ，マンガに対しては執着があるが，以前ほどではない。遅くまで，勉強していることも多く，一人で頑張っている。深夜になると同室の子どもに配慮してホールで勉強を続けるなどができている。

・課　題
　① 大学進学をする。
　② 受験勉強をする。
　③ 家庭でのひきとりをひかえている。
・目　標
　① 希望の大学へ進学する。
　② 受験勉強をする。
　③ 園でストレス少なく生活し，不安なく家族と生活する準備ができる。

プランニング（①②③は上記目標，→は担当者）
　①a　希望に沿った大学を一緒に探す。→村田
　　b　大学進学に向けて，母と話し合い母の理解をすすめる。→園長
　②a　勉強の環境を整える。→村田・ホーム職員全員
　　b　本人が求め，必要であれば塾や予備校の講座に通う。→園長・村田
　③a　マイペースを認めながら，声かけ，一緒に行うなどして身の回りのことをする。→村田・ホーム職員全員
　　b　ストレスに関して，色々な体験やそこでの支援を通じて対処についての理解を促す。→村田・ホーム職員全員
　　c　ひきとりに向けての母の準備について母と話し合う。→園長
　　d　ひきとりに向けて本児と話をし，本児の気持ちを整理する（3カ月に一度程度）。→村田

　　　　　　　　　　　　　　　以上期間は平成XX＋8年2月末まで

・目標達成度チェック表

児童名	山口陽子(仮名)	担当者名	村田	評価日	平成XX+8年3月15日

目標	達成度				
	達成していない		半分達成		ほとんど達成
1　希望の大学へ進学する。	1	2	3	4	⑤
2　受験勉強をする。	1	2	3	4	⑤
3　園でストレス少なく生活し，不安なく家族と生活する準備ができる。	1	2	3	④	5

・総合的評価

　　夏休み前には，志望大学も決まり，12月に第一志望の私立L大学文学部に合格し，4月より母宅から通学することになった。今月中には引っ越しの予定である。

　　大学に進学しない子どもたちが多い中で，ホームの子どもたちと話し合い，夜遅くまでホールで勉強する，予備校の夏季講座に参加するなど，同室，ホームの子どもの生活に配慮しながら受験勉強もかなり頑張った。ホームの子どもたちも，理解して協力してくれた。大学の学費については，園長と母，本人で何度か話し合いを重ね，本人も母も納得し，奨学金を利用することを決め，その目途もついた。

　　相変わらず，部屋の整理が苦手で，要るものが無いと言って，探している間に遅刻するという事もあったり，気が向かないと模擬試験を欠席したりなどはあったが，順調に通学し，受験した（公募推薦型入試）。自分のマイペースさについて，理解が少し進んだようであるが，気が付かないことも多い。そのことについて，理解できるよう話し合い，支援した。本人も，マイペースで生活できることで混乱しない事がわかってきたので，今の環境で，できる限り混乱しない生活の方法を考えていくよう支援した。イライラしたり，しんどい時には共感しつつその対処について共に考えた。その結果，身の回りなどは，職員のサポートもあり最低限できるようになり，ストレス，

> イライラに対処することができるようになった中で，本人のしたいこと，勉強，希望などを実現する方向性をもつことができた。
> 　母宅に帰ることについては，受験勉強が終わった後，本人と数度話し合いをもったが，母に対するネガティブな気持ちをもちつつ，あまりそれにこだわらないということであった。本人は「いまさらそんなこと言うてても仕方ない」ということであった。
> 　今後については学費や生活費に関する不安もあったが，奨学金の手続きなども職員に聞きながら，自分で行い，母宅に帰った後にはアルバイトも考えている。大学生活に関する不安も口にし，職員に相談したり，職員が大学生だったころのことを聞いてきたり，何とか対処しようとする気持ちがみてとれる。
> 　母は，長く一緒に暮らしてこなかったことに不安をもっていたが，園長との面談の中で，一つずつ不安を語り，本児を迎える準備をしていった。アフターケアとしては，家庭生活，大学生活でのさまざまな相談事に関する支援が考えられる。

　以上で8年に渡る支援は退所という形で終了した。大学への進学と家庭への引き取りということになったので，退所準備，退所支援は特に行っていない。アフターケアとしては，自閉症スペクトラムがあるので，困った時には相談に来てほしいという事を本人と母親には伝えた。退所後，年に数回母親から電話で相談されることはあったが，大きなトラブルではなく，日常生活上の助言等が主な内容であった。本人からの相談はなかった。大人としての自分の人生を順調に歩み始めていると思われる。
　児童支援計画No.16の策定後，村田ワーカーは児童支援計画をグループスーパービジョンで確認をした。課題は進学，勉強，引き取りと現実的な事象が中心となったため，その後の2度のグループスーパービジョンはほとんど経過報告となった。最後となった評価の時には，評価の確認と，これまでの8年間の経過をスーパービジョン記録と共に振り返った。担当職員もこの子どもの入所以降に入職した職員も含めて，このケースの全体像を理解することができた。

巻末資料

8　スーパービジョンの歴史

（1）スーパービジョンの萌芽

　ソーシャルワークにおいてスーパービジョンはその発展過程のどの段階に始まったのであろうか。その答えは「ソーシャルワークの専門職が始まった時代からスーパービジョンはその実践において存在した」である。特に慈善組織協会（COS）の活動において始まり，発展した。それは友愛訪問員（friendly visitor）の活動と不可分であった。1870年代にイギリスからアメリカに導入されたCOSはアメリカの状況を反映した活動を起こし，発展させた。その代表的なものが友愛訪問であった。友愛訪問とは友愛訪問員が貧困家庭を訪問し，そこでの人々の生活をつぶさに見て，その人々と話をし，貧困の原因がその人々の生活態度や人格的な問題，さらに道徳的な問題であり，それが矯正できるものであると判断できれば，その人々との友情をもとに助言や教育を施し，貧困を克服してもらうという活動であった。この活動の考え方は「施与ではなく友情を」，「施しより友を」（not alms but a friend）という言葉で表される。友愛訪問員は主にボランティアの女性によって担われていた。これらのボランティアはCOSの考え方に沿って活動するように教育と訓練をする必要があった。当初，教育，訓練，指導を担ったのはエージェント（agent supervisor）と呼ばれた有給職員であった。これらのエージェントが最初にスーパーバイザーの役割を担った人々である。友愛訪問員は各ケースをエージェントに報告し，エージェントは処遇方法の指導や処遇方針の決定などを行った。

　このような時期を経て，多くの社会福祉問題は友愛訪問員の道徳的改良だけでは解決できないことが徐々に理解されてきた。リッチモンド（M. Richmond）が活躍しだした19世紀の終わりから20世紀の初めにかけて，科学的な方法で援助，処遇を展開する必要性が明らかになってきた。また，ボランティアの友愛訪問員がこれらの処遇を担うのではなく，専門性のある有給のワーカーによってこれらの仕事が遂行されることが求められるようになった。

　COSでは専門性のあるワーカーを養成するための教育訓練プログラムが行われはじめた。例えば1891年にはボストンのCOSでは新任ワーカーに対して現任訓練プログラムが提供されはじめた。経験のあるワーカーがスーパーバイザーとなり，スー

パービジョンを受け，常任書記（general secretary）による教育セッションに参加することになったのである。1898年にはニューヨークのCOSにおいて6週間の夏季訓練プログラムが実施され，1904年にはこれが発展したニューヨーク博愛学校（New York School of Philanthropy）に1年間の教育課程が設置されることとなった。その後ソーシャルワークの教育は学校を中心に展開することとなったが，処遇現場では機関のスーパーバイザーによるスーパービジョン，現任訓練が盛んに行われていた。

　スーパービジョンはCOSにおける友愛訪問，さらにより専門的な処遇の展開と同時並行にすすめられた。この時期のスーパービジョンは個人スーパービジョンとグループスーパービジョンが併用して行われていたという。個人が記録をもとにスーパービジョンを受けるという形式もこの時期にはじめられ，グループで助言し合ったり成功したケースやあまり効果がなかったケースの分析についてグループで話し合うという，現在のグループスーパービジョンの形式もこの時期に始められた。

（2）スーパービジョンの確立

　1917年にリッチモンドが『社会診断』を著し，ケースワークという方法が確立すると，スーパービジョンもCOSを中心にその重要性の認識が広く広まった。リッチモンドによってケースワークの理論化がすすみ，体系化されたことで「ケースや処遇をどう考えるべきなのか」「処遇に何が必要か」が明確化されたこともスーパービジョンの確立には大きな影響を与えた。

　1920年代にはスーパービジョンの重要性が強く認識されていたが，スーパーバイザーの確保が課題であった。この頃までの現場のスーパービジョンには主に管理的機能が求められていた。人々により良い処遇を提供するためにも，ワーカーによる処遇の管理は必要であった。処遇の管理のためにスーパーバイザーはワーカーへのケースの割り当て，各ケースの処遇方針の決定，さらにそれらの処遇が機関の目的や方針に沿っているか，処遇を行う上での規則や機関の手続きが正当に遵守されているかなどの監督などを行った。このことで，処遇の均一化や質の確保が可能になったのである。

　1920年代以降は新たなデューイ（J. Dewey）らの進歩主義教育理論が導入され，ソーシャルワークの教育機関においても現場実習が行われることになり，実習教育においてスーパービジョンが導入されることとなった。この実習教育では個別指導が行われ，スーパーバイザーと学生によって定期的に個別カンファレンスが持たれること

となった。ここにスーパービジョンの教育的機能が重視されることになったのである。

また、このころからケースワークの専門職化に伴い、心理学や精神医学的な立場の重視が顕著になった。これらの理論化はクライエントとワーカーの信頼関係を強調し、さまざまな形態のソーシャルワークの実践に影響をおよぼした。スーパービジョンにおいても、関係性やスーパービジョン関係が強調され、ケースワークの技法がスーパービジョンに応用されるようになった。

1929年のミルフォード会議報告書においては、スーパービジョンの2つの機能として、機関独自の基準にまで処遇の基準を保持する機能、さらに職員の専門職としての向上の促進を図る機能を提示している。これは今日でいう管理的機能と教育的機能である。

1930年代から1940年代は大恐慌の影響や戦争の影響によって、クライエントが増大し、またソーシャルワーカーが活躍する分野が増え、ソーシャルワーカーの養成が喫緊の課題となった。各社会福祉機関はソーシャルワーカーを育てることに大きな力を注いだ。このような状況下でスーパービジョンには特に教育的機能が期待された。スーパービジョンは処遇の管理的過程というよりは教育的過程として捉えられていた。

1950年代に入るとスーパービジョンに関する議論が起こった。それは管理的機能と教育的機能の両立に関してのものであった。それは管理的機能と教育的機能を一人のスーパーバイザーが担うのが可能かという本質的な議論であった。さらに、グループスーパービジョンと個人スーパービジョンの形態に関してグループスーパービジョンが個人スーパービジョンの代替になりえるのかといった議論があった。

このような議論が起こることはスーパービジョンが重視されてきたことの表れであろう。1957年の「ソーシャルワーク年鑑」(Social Work Year Book) では、ソーシャルワークのスーパービジョン」の項目が初めて現れた。

（3）スーパービジョンの発展

1960年代以降のスーパービジョンではケースワークのみならずグループワークやコミュニティ・オーガニゼーションなどにも用いられるようになった。しかしながら、その理論化はあまり進められなかった。また、ソーシャルワークの統合化などソーシャルワーク理論の変化の波があり、スーパービジョンの理論化は積極的に展開したとは言い難い。

システム理論やエコロジカル・パースペクティブの影響下にソーシャルワーク理論が発展しはじめたことは当然スーパービジョンの理論にも大きな影響を与えた。スーパーバイザーとスーパーバイジーの個別の上下関係を基礎とした教育的過程という側面だけではなくグループスーパービジョンやピア・スーパービジョンにおける同じ立場の相互の横の関係を重視した側面が重視されるようになった。

　1970年代は統合化が本格化した時代である。それに従ってスーパービジョンでもケースワークに準じるモデルではなく新しいモデルを模索し始めた。特に特徴的なのはピア・スーパービジョンやチーム・スーパービジョンの展開である。このような変化の中，1920年代からの教育的機能重視に変化が見え始めた。1965年版の『ソーシャルワーク百科事典』（Encyclopedia of Social Work）では教育的機能が強調されていたが，1971年の版では再びスーパービジョンの管理的機能が強調されることとなった。

（4）ソーシャルワークスーパービジョンの歴史的テーマ

　1965年とその次の版である1971年の『ソーシャルワーク百科事典』に変化があらわれたことは述べたが，この頃から，スーパービジョンをめぐる議論が盛んとなった。『ソーシャルワーク百科事典』においても，スーパービジョンの歴史的なテーマが取り上げられるようになった。それは以下のようなテーマである。

① 管理的コントロール（『ソーシャルワーク百科事典』1965年版・1971年版）
② 訓練と教育（『ソーシャルワーク百科事典』1965年版・1971年版）
③ 治療的支持（『ソーシャルワーク百科事典』1971年版）
④ 専門職としての独立性（『ソーシャルワーク百科事典』1965年版・1971年版・1997年版）
⑤ 限りある資源しかない環境でのアカウンタビリティ（『ソーシャルワーク百科事典』1987年版・1997年版）

　①の管理的コントロールの側面は，3つの異なった考え方で見ることができる。それは，ⅰクライエントのニーズをアセスメントし，サービスを調整することに関するワーカーの実践を管理する，ⅱワーカーとスーパーバイザー双方の責任でクライエントを守る，ⅲ初心者のワーカーや学生を指導するという事である。これらは，スー

パービジョンの本質的な働きであり，その端緒から続くテーマである。

②の訓練と教育は，スーパービジョンの管理的な側面と相互補完的なものである。前述のとおり1920年代から1930年代にはスーパービジョンの教育的側面の理論化と技術の向上は社会福祉機関のプログラムが大学教育のプログラムに大きな影響をおよぼした。またこのようなことが発展して，1960年代には以下のようにスーパービジョンの教育的概念が整理された。

スーパービジョンの教育的側面は，ⅰ職員はさまざまな方法で学ぶべきである，ⅱ新しい学びは学習者のレディネスと関連して得る，ⅲ新しい学びはすでに学習者が学んだものの上に積み上げる，ⅳ効果的な実践のためには論理的な思考が重要である，ⅴ学習者が積極的に学びの内容を認識することで，効果的に学びを促進できる，ⅵ自己覚知をすすめることは大変重要であるという整理であった。大学の教育はスーパービジョンの教育的機能を助けるものであった。

③の治療的支持は，1920年代と1930年代のフロイトの精神分析理論に影響を受けた。それはワーカーのクライエントへの理解とサポートがスーパーバイザーのワーカーへの理解とサポートと「並行（パラレル）なプロセス」になっているという考え方から発展した。また，治療的支持はスーパービジョンのセッションにおける信頼関係の構築と関連していて，さらにセッション中の自己覚知をすすめるものであるという考え方がある。特にこの考えはソーシャルワークのスーパービジョンは治療的カウンセリングにおいて見られるような信頼関係を基に築く実践であるべきだという考え方の影響下にある。特に自己覚知や自己理解は対人理解や援助の前提条件であると考えられてきており，スーパーバイザーとワーカーとの間とワーカーとクライエントの間の葛藤を扱う際には特に重要であった。

スーパービジョンはストレスフルな状況や仕事を扱う能力を培う手段として考えられたが，それは劣悪な労働条件やジレンマのあるさまざまな業務上の負荷，ワーカーの野心的な期待が引き起こす目標達成への障壁を除き，非効率的な業務を無くするものであると考えられた。

④の専門職としての独立性は1950年代の精神分析的なスーパービジョンのあり方に関係している。このような精神分析的なスーパービジョンは，さまざまな意味でスーパーバイジーの個人としての権利を侵害するおそれがあるとも考えられた。つまりワーカーの誤ったスーパーバイザーへの依存や不適切な「ケースワーカーへのケース

ワーク」がどんどん拡大されていたことが認識され，ソーシャルワーカー専門職の新たな独立性を考えることが求められたのである。

経験のある実践者は，自分が行っているスーパービジョンは「専門職の独立性や専門職としての成長や発達，創造性などの専門職の特性を逆に制限しているのではないか」という疑問を呈しはじめた。その後すぐにスーパービジョン実践においてもソーシャルワーカーの自発的な実践は顕著な特徴であると認識されたのである。スーパービジョンはこのような考え方の変化を経験したのである。

⑤の限りある資源しかない環境でのアカウンタビリティは1970年代から1990年代にかけて注目されたアカウンタビリティに関するテーマである。この時期は限られた財政的資源に対するアカウンタビリティへの要請が増大した時期である。このような要請にしたがって，この時期，公立私立を問わず機関のサービスの配分に関して量的尺度を使ってスタッフを監視するということが盛んに行われた。この時期はアカウンタビリティの時代であるといえる。この時期はまた対人援助を行う機関のスーパービジョンに関する多くのテキストが出版された時期でもある。スーパービジョンへのアカウンタビリティに関する期待は，管理的マネジメントやコンピューター上の情報システムの臨床的活用を発展させることなどで今日でも変わらず大きい。

(5) 今日のスーパービジョンの様相

今日のソーシャルワークのスーパービジョンへの期待は，知識の交換，継続的な支援の質の改善，エビデンスに基づく介入方法を発展させる継続的な技術の改良を中心とした支援の環境を作り出すことに対するものが多い。

今日のソーシャルワークの環境でのスーパービジョンはワーキンググループ（多職種を含む支援チーム）間，さまざまな支援環境での情報交換も含んでいる。これらのスーパービジョンの過程はスーパーバイザーの下で理解され導かれなければならない。今日的なスーパービジョンはスーパーバイザーの理論的役割の重要性が強調され，さらに学びの過程への導きと促しが主な内容であると考えられている。情報や知識は実践の成果として認識され，また情報は利用者に対するサービス分配方法に関して共有されるものとして考えられている。

今日のソーシャルワークのスーパービジョンを理解するための幅広い概念的基盤として，以下の点が挙がられる。

A 原則や哲学的基盤
- 対人の交互作用
- 権威や情報の交換，感情の表出
- 個人的，専門職業的価値の反映
- 業務の遂行の監視といった管理的機能，知識やスキルの教授，感情的支持の提供，力の問題を扱うなどといった教育的機能
- 組織が長期的目標，短期的目標に到達することを援助する

B スーパービジョン関係
- 機関，スーパーバイザー，スタッフ，ある文脈におけるクライエントという4つの要素を含む関係

C スーパービジョンの過程
- 機関，スーパーバイザー，スタッフ，クライエントのすべての，あるいは特定の，また二者間の，一部分の相互作用を含む過程。

D スーパービジョンが成り立っている文化

　北米では今日のスーパービジョンの文献はハンドブックのようなものが多くなり，スーパービジョンの機能や特別なトピックが取りあげられている。これらのトピックは機関におけるチーム構成やチームの維持管理，効果的な集団での意思決定，そして被雇用者の解雇の手続きを含むものである。さらに，サービス成果のマネジメント，ソーシャルワークを遂行する上での動機づけ，全職員の多様性とスーパービジョンについての社会心理的アセスメント，スタッフやボランティアの訓練などが重大な項目として取り上げられている。

9 ソーシャルワークの発達のポイント

前述の「8 スーパービジョンの歴史」の理解を助けるために，専門技術としてのソーシャルワークの発達のポイントを簡単に示す。スーパービジョンの発達とソーシャルワークの発達は並行して行われたので，スーパービジョンのあり方はソーシャルワークのあり方に規定せざるを得ない。それを理解してスーパービジョンの変遷をみていく必要がある。スーパービジョンの歴史的展開を読みながら，このポイントを確認すればより深い理解が得られると考える。

（1）ソーシャルワークの発生（18世紀終わり-20世紀初頭）

背景
産業革命→資本主義社会の成立・発展
産業革命後のイギリス社会　さまざまな社会問題の発生
　社会調査……貧困層の生活実態の調査→C. ブース，S. ラウントリーなど
　貧困は個人に原因があるのではなく資本主義社会における構造的な問題であるという認識が生まれる

1）18世紀後半のイギリス……慈善事業，慈善組織の興隆
慈善組織協会（COS）の展開
1869年　COSの設立（ロンドン）
　　　　慈善活動の調整と情報の交換，協力体制の構築
　　　　生活困難，傷病ケースへの支援
　　　　個別の家庭訪問活動　　ボーザンキットらによるルール化　ハンドブック
1877年　アメリカでCOSの設立（バファロー，ニューヨーク）S. ガーテン
　　　　南北戦争後のアメリカ経済の発展と1983年の恐慌：失業貧困問題

　┌─ COSの主要機能 ─────────────────────┐
　│ ① 慈善団体の連絡調整　　　　　　　　　　　　　　│
　│ ② 友愛訪問　　　　　　　　　　　　　　　　　　│
　│ 　　　有給職員：友愛訪問員の指導助言　　　　　　　│
　│ 　　　1898年現業従事者の講習→ニューヨーク社会事業学校へと発展 │
　└──────────────────────────────┘

　社会改良運動へ発展・社会事業近代化への橋渡し
　ソーシャルワークの原型（ケースワークの成立）

2）セツルメント運動の展開
社会改良主義における一方法→スラム街での展開「住み込み」「調査」「改良」
バーネット，トインビー等による活動
1884年　トインビーホール（ロンドン，イーストエンド）→初のセツルメント
1886年　隣人ギルド（ニューヨーク：S. コイツ），隣保館
　　　　──1980年代　新移民の不熟練労働者の密集するスラム街の形成，拡大

1989年　ハルハウス（シカゴ；ジェーン・アダムス）
　　　　──よき市民の拠点，望ましいアメリカ市民の育成
　　　　　　スラム街での新移民間の隣人関係の成立とアメリカ的生活への適応
　　　　　　社会改良運動，社会事業の近代化

　┌── セツルメント運動のソーシャルワークに果たした意義 ──
　│ ① 人間平等の原則に立つクライエント＝ワーカー関係の原初的形態を示す
　│ ② クラブ活動を通じてグループワークの技術を開拓した
　│ ③ 住民の組織化と社会資源の動因の試みがCOSとともにコミュニティ・オーガニ
　│　 ゼーションの先駆となる
　│ ④ スラム街の調査活動が社会福祉調査（ソーシャルワークリサーチ）を発展させた
　│　 こと
　│ ⑤ スラム住民の環境改善運動，立法促進運動がソーシャルアクションの原型になる
　└──

3）YMCA（1844年）等の成立
　　YWCA・(1844年)　YWCA（1855年）ボーイスカウト（1907年）等の設立
　　→グループ活動（クラブ活動），青少年の活動の場

(2) ソーシャルワークの形成（1910-1920年代）
　背景
　　慈善事業から社会事業へ
　　労働運動，社会改良運動の高まり
　　社会科学の発達
　　　　　↓
　　社会事業の専門分化・1916年アメリカ社会事業家協会設立
　　第一次世界大戦後，社会改良運動の衰退；社会的志向の衰退，技術主義志向
1）ケースワークの展開
　　社会事業団体の有給ワーカーの増加，教育訓練の強化；専門職としての認知
　　M.リッチモンドの登場
　　　友愛訪問をCOSの主要機能として位置づけ
　　　1917年『社会診断』
　　　──「卸売的手法」社会改良運動に対して「小売的手法」ケースワーク
　　　　　ケースワークの知識，方法の確立，専門職としての位置づけ
　　　　　社会的証拠の収集と客観的社会診断と重要性
　　　　1922年『ソーシャル・ケースワークとは何か』
　　　　　パーソナリティ論重視の理論の導入
　　　　　ケースワークの仮説的定義
　　　　　「ソーシャル・ケースワークは人間と社会環境との間を個別に，意識的に調整する
　　　　　ことを通してパーソナリティを発展させる諸過程から成り立っている」
　　第一次世界大戦中の赤十字ワーカーの活動（出征中の留守家族，前線の軍人）を契機とし
　　て心理学的立場への転換
　　1920年代
　　　社会科学，医学等からの影響，調査研究の発展

　　　　　S.フロイトの精神分析理論の影響の拡大
　　　1923-1928年
　　　　　ミルフォード会議（ケースワークの一般的な様相の追及とケースワークの定義）
　　　　　専門分化するケースワークに対して一つの専門職としてまとまる動き
　　　　　ケースワークにおける「ジェネリック」「スペシフィック」概念の登場
　　　　　ケースワークの専門化への貢献→1929年「ミルフォード会議報告書」
２）グループワークの展開
　　　セツルメント運動，青少年団体（YMCA，YWCA，ボーイスカウトなど）の運動の展開
　　　　→グループワークの発展
　　　　第一次世界大戦後有給職員の増大
　　　　デューイ（教育学），モレノ（ソシオメトリー），フロイトなどの影響を強く受ける
　　　　1923年　ウエスタン・リザーブ大学に専攻課程
３）コミュニティ・オーガニゼーションの展開
　　　1908年　ピッツバーグに社会事業施設協議会（COSの機能分化）⇒全米へ
　　　1913年　共同募金運動（クリーブランド商工会議所）→「福祉連盟」（1917年）へ
　　　　　　　　　　　　　　　　　　↓
　　　第一次世界大戦中「銃後・必勝運動」として飛躍的発展
　　　　　「防衛協議会」：戦争態勢を固めるために地域組織化
　　　第一次世界大戦後「都市化・工業化に伴う地域解体の再組織化の方法として活用」
　　　　　　　　　　　　　　　　　　↓
　　　　　　　　　　　コミュニティ・オーガニゼーションの形成

（３）ソーシャルワークの確立（1930-1940年代）
　背　景
　　　世界的な大不況に伴う社会の変化：大規模な失業　社会不安
　　　1929年：大恐慌
　　　1933年：ニューディール政策（F.ルーズベルト大統領）
　　　1935年：社会保障法
　　　1935年　全米ソーシャルワーカー会議
　　　　ケースワーク，グループワーク，コミュニティ・オーガニゼーション，ソーシャルアクションの部門別会議が開催される
１）ケースワークの展開
　　　社会保障法の成立→経済援助機能が除外
　　　　　　　　　　　　民間機関を中心に高度な専門技術として確立
　　　　　　　　　　　　ソーシャルワーカーの増加
　　　　　　　　　　　　専門職団体の活動の活発化
　　　　　　　　　　　　専門教育の水準の向上
　　　第二次世界大戦：ソーシャルワークも戦争目的遂行の一環として組み込まれる
　　　　　　　　　　→技術的進展
　　　1930年代：心理学，精神分析的志向が濃厚に
　　　　　　　　V.ロビンソン「ケースワーク心理学の変遷（1930年）」
　　　　　　　　G.ハミルトン「ケースワークの理論と実際（1940年）」
　　　二極化→社会保障行政（公的扶助）ケースワーク：技術水準の低さ

　　　　　　　民間ソーシャルワーク機関：経済援助機能以外の機能の強化
　　　　　　　　　　　　　　精神医学ソーシャルワーカーの受け入れ
　　　　　　　　　　　　　　→高度な専門技術の獲得
　　診断主義と機能主義の対立
　　戦時中：家庭福祉機関や赤十字によって兵士，市民にケースワークサービス
　　　　　　　軍隊内にケースワーカーが設置（シェルショック等への対応）
　　　　　　　軍需産業，労働組合などでもケースワークが採用
　　社会的認知の獲得
2）グループワークの展開
　　大恐慌後の社会不安の増大
　　「社会的に望ましい集団の育成とそれによる個人の成長」を達成する専門技術
　　グレース・コイルらが活躍
　　適用分野は青少年活動から高齢者の余暇活動等へも拡大
　　戦時中は地域・産業・軍隊等におけるクラブ活動においても用いられる
　　ソーシャルワークの専門分野として確立（1935年全米社会事業会議）
3）コミュニティ・オーガニゼーションの展開
　　大恐慌に伴う失業者・貧困者の増大⇒近隣協議会・地域協議会などの活動
　　社会保障法の成立とともに活動の重点は失業・家庭崩壊・非行問題・福祉問題等へ
　　→市民の活動への参加が進む
　　「ニード・資源調整」論
　　「インターグループワーク」論　W.I.ニューステッター（1949年）
　　ソーシャルワークの専門分野として確立（1935年全米社会事業会議）
　　1939年　レインレポート（最初のCOの理論体系付け）

（4）第二次世界大戦後のソーシャルワークの展開
　　1940年代後半-1950年代
　　産業化・都市化の進展→経済成長　生活様式の変化　所得格差の拡大
　　東西冷戦→レッドパージ　保守化
　　　シャーロット・トール「コモン・ヒューマンニーズ」，発禁事件
　　　アメリカ社会事業家協会：民主主義の擁護　倫理綱領の作成
　　　社会的視点への回帰の訴え，ソーシャルワーカーの団結の必要性の認識
　　　1955年　全米ソーシャルワーカー協会（NASW）の設立
　　1960年代
　　　ベトナム戦争　公民権運動　福祉権運動
　　　貧困戦争（1964年）：貧困の再発見　公的扶助受給者の増大
　　　自助概念への懐疑：貧困の原因を個人責任に矮小化することへの懐疑
　　　　　　　　　　　社会的視点，環境への関心，ソーシャルアクション
　　　権利擁護の概念の成立
1）ケースワークの展開
　　1950年代
　　　臨床的発展
　　　　→バイスティック『ケースワークの原則』など
　　　診断主義と機能主義の統合への試み

         アメリカ家族サービス協会のケースワーク実践の基礎概念検討委員会1949年
         H.パールマン　問題解決アプローチ　　統合化や実践理論発達の道筋
         H.アプテカー　機能主義の観点で折衷を図る　など
         社会的視点への回帰
          → A.マイルズ「リッチモンドへ帰れ」
      1960年代
        新しい理論の導入
        →危機介入理論，行動変容理論（治療的側面の強化）など
        社会的視点の欠如の指摘
           パールマン　「ケースワークは死んだ」（1967）　ケースワークの存在意義の問い直し
        「社会的要因」への視点
        診断主義の新しい展開
           F.ホリス　心理社会療法
           「状況の中の人」の概念
２）グループワークの展開
    1946年　アメリカグループワーク協会（AAGW）の発足→1955年 NASW へ
    1950年代
       理論的・方法論的発展
          G.コイル（社会諸目標モデル）
          H. トレッカー「ソーシャル・グループワーク～原理と実際」
    1960年代
       臨床的発達　　ケースワークへの接近
          ジゼラ・コノプカ『ソーシャル・グループワーク──援助の過程』（1963年）
          R.ウィンター　治療モデル（治療の回復的処遇の理論的実践的展開）
３）コミュニティ・オーガニゼーションの展開
    理論的発展
       マレー・ロス『コミュニティ・オーガニゼーション』（1955年）
       コミュニティの自己決定，共同社会の固有性，地域計画，コミュニティのエンパワー，
       改革への動機づけの概念等

（５）ソーシャルワークの統合化へ
   |背　景|
   複雑化，深刻化する社会福祉問題への対応が従来の方法では困難になってきた。
   ソーシャルワークの各方法が専門分化するにつれて，ソーシャルワークとしての共通性が見
   出しにくくなった。ソーシャルワークのアイデンティティが揺らぐ。
   ソーシャルワークの理論にシステム理論が導入
１）統合化への流れ
   1929年　ミルフォード会議報告書　「ジェネリック」概念の登場
   1955年　ＮＡＳＷの設立（専門職団体の統合）
   1968年　シーボーム報告（英）（あらゆるクライエントを統合的に処遇できるソーシャル
          ワーカーの養成の必要性）
                   ↓
          統合化の理論の展開（バートレット『社会福祉実践の共通基盤』［1970年］等）

2）エコロジカル・パースペクティブ（生態学的視点）の登場
　C. ジャーメイン・A. ギッターマン「ソーシャルワーク実践における生活モデル」（1980年）
　医学モデルから生活モデルへの転換
3）多様な実践モデルと実践理論の発展
　F. ターナー『ソーシャルワーク・トリートメント──相互連結理論アプローチ』（1996年）
　等
4）ソーシャルワーク理論の体系化と援助観の変化
　エンパワメント概念，ストレングス・パースペクティブ　など
5）社会福祉をめぐる環境の変化に伴う新しい概念
　マネジドケア（管理的手法を用いて，社会保障や医療費を抑制することを目的とした社会保険制度のこと）におけるソーシャルワークの必要性
　アカウンタビリティ（説明責任）やコンプライアンス（法令遵守）の要請
　チームアプローチの普遍化
　エビデンス（根拠）に基づく実践への要請
　コンピューターの発達に基づく情報の共有に関するルールの必要性，等

索　引

あ 行

アイデンティティ　43
アカウンタビリティ　71, 74
アクティング・アウト　138
アセスメント　5, 13
　　──シート　86
アンケート　70
安定　47
医師　133
依存　47
エビデンス　→根拠
援助機関・施設　48
援助計画　14
応用能力　53

か 行

開始　12
下位集団　→サブグループ
外部の専門家　133
価値　6
過程叙述的な記録　32
環境　47
看護師　133
感情のコントロール　137
感情の反応　47
間接的支援活動　67
カンファレンス　69, 78, 134
管理運営　56
管理責任者　49
管理的機能　26
聞き取り　70
議事　136
技術　6
　　──のレパートリー　58

基本的資質　84
教育的機能　26
教育的スーパービジョンのための原理　44
共感のスキル　41
共生的な相互依存関係　35
業務のマネジメント　41
拒否　44
均衡　47
グループ・スーパービジョン　33
計画の実施　15
迎合　47
継続的な相互作用　130
ケースカンファレンス　2, 78, 134
ケースワークモデル　36
権威　41
現任者訓練　→ OJT
肯定的な満足　45
行動化　→アクティング・アウト
傲慢　47
個人的自己覚知　44
コスト　69
　　──パフォーマンス　70
個別スーパービジョン　32
コミュニケーション　39
コミュニティ　47
根拠　16
コンサルタント　80, 133
コンサルテーション　78, 131, 133
コンピテンシー　50
コンピテンス　40

さ 行

罪悪感　44
サービス残業　75
サブグループ　75
ジェネラリスト・ソーシャルワーク　7

索引

支援記録　30
支援の枠組み　137
支援力　132
指揮命令系統　69
自己覚知　43
自己決定　43
自己研鑽　61
自己防衛　47
資質　51
支持的機能　27
慈善組織協会　35
実習スーパービジョン　131, 141
実習達成課題　143
実習目標　143
実践能力　53
実践の知　62
失敗　44
指導者　55
児童養護施設　4
シミュレーション　63
使命　58
社会資源　135
社会的機能　8
社会的責務　66
社会福祉士　53
社会福祉実習教育　142
終結　15
羞恥　44
自由なコミュニケーション　75
受容　45
シュワルツ, W.　35
準拠集団　47
情報の共有　77
情報保護システム　78
職員配置　73
職場環境　140
ジレンマ　60
人格的な問題のある利用者　131
人材養成　144
新人教育　69
信念　47

スーパーバイザー　55
スーパービジョン記録　30
スーパービジョン導入プラン　78
スーパービジョンの導入　67
スーパービジョンプログラム　55
スキル　42
スタッフシステム　37
ステレオタイプ　43
ストレス　74
　──マネジメント　71, 74, 76
ストレングス　60, 134
生活型施設　4
生活支援型援助　3
生活の質　4
成功体験　45
セルフイメージ　47
専門職　41
　──的自己覚知　44
総合的包括的支援　10
相互作用　71
　──アプローチ　35
　──技術　62
相互的な関係性　33
ソーシャルワーカーの倫理綱領　7, 57
ソーシャルワーク過程　9
ソーシャルワーク専門職　48
ソーシャルワークの環境　42
組織的官僚制　42
組織的な取り組み　70

た 行

第三者評価　71
態度　47
タスク　18, 95
チームアプローチ　131
チーム編成　73
逐語記録　31
知識　6
仲介的機能　39, 49
中級管理職　49

213

抵抗　47
敵対感情　47
デッソー，D.　40
動機づけ　79
洞察　47
独自性　46
トレーナー　55
トレーニング　55

な　行

認知的技術　62
能力　51

は　行

媒介する機能　35
働きやすさ　76
波長あわせ　41
パラレル（並行）なプロセス　23, 89
パールマン，H.　43
バーンアウト　71, 74, 131, 139
ピア・スーパービジョン　34
ヒエラルキー　49
卑下　47
非審判的な見方　43
秘密保持　43, 80
評価　15
標準的な支援　130
不安　44
フィードバック　29, 63
服従　47

部分化　45
プレゼンテーション　28
偏見　43
弁護士　133
報酬　45

ま　行

無関心　47
メッセージ　39
燃え尽き　→バーンアウト
モデリング　42
モニタリング　22, 80, 135
問題解決型援助　3
モチベーション　44

や・ら・わ　行

4つのP　43
リーダー　55
リッチモンド，M.　11
臨床心理士　133
臨床的スーパービジョン　40
臨床の知　57
連携協働　131
ロールプレイ　63
歪曲　47
欧文
COS　→慈善組織協会
OJT　54
QOL　→生活の質

著者紹介

山辺朗子（やまべ・さえこ）
　同志社大学大学院文学研究科社会福祉学専攻博士後期課程満期退学。
　現　在　龍谷大学社会学部教授。
　主　著　『人間福祉の思想と実践』（共編）ミネルヴァ書房，2003年。
　　　　　『個人とのソーシャルワーク』ミネルヴァ書房，2003年。
　　　　　『ジェネラリスト・ソーシャルワーク』（共訳）ミネルヴァ書房，2004年。
　　　　　『ジェネラリスト・ソーシャルワークの基盤と展開――総合的包括的な支援の確立に向けて』ミネルヴァ書房，2011年。
　　　　　『子どものニーズをみつめる児童養護施設のあゆみ――つばさ園のジェネラリスト・ソーシャルワークに基づく支援』（共編著）ミネルヴァ書房，2013年。

　　　　　　　　　　　　　　　　　新・MINERVA 福祉ライブラリー㉒
　　　ジェネラリスト・ソーシャルワークにもとづく社会福祉のスーパービジョン
　　　　　　　　　　――その理論と実践――

　　　2015年4月20日　初版第1刷発行　　　〈検印省略〉

　　　　　　　　　　　　　　　　　定価はカバーに
　　　　　　　　　　　　　　　　　表示しています

　　　　　　　　　著　　者　　山　辺　朗　子
　　　　　　　　　発 行 者　　杉　田　啓　三
　　　　　　　　　印 刷 者　　中　村　勝　弘

　　　　　　発行所　株式会社　ミネルヴァ書房
　　　　　　　　607-8494 京都市山科区日ノ岡堤谷町1
　　　　　　　　　　電話代表　(075)581-5191
　　　　　　　　　　振替口座　01020-0-8076

　　　© 山辺朗子，2015　　　　中村印刷・清水製本

　　　　　　　　ISBN978-4-623-07347-4
　　　　　　　　　　Printed in Japan

ジェネラリスト・ソーシャルワーク

L. C. ジョンソン・S. J. ヤンカ／山辺朗子・岩間伸之 訳
A5判／632頁／本体12000円

ジェネラリスト・ソーシャルワークの基盤と展開

山辺朗子 著
A5判／280頁／本体3000円

子どものニーズをみつめる児童養護施設のあゆみ

大江ひろみ・山辺朗子・石塚かおる 編著
A5判／304頁／本体3000円

ソーシャルワークのスーパービジョン

福山和女 編著
A5判／280頁／本体2800円

福祉職員研修ハンドブック

津田耕一 著
A5判／210頁／本体2000円

——— ミネルヴァ書房 ———
http://www.minervashobo.co.jp/